Le petit livre des blagues à gogo

Aurore Meyer

LAROUSSE

Sommaire

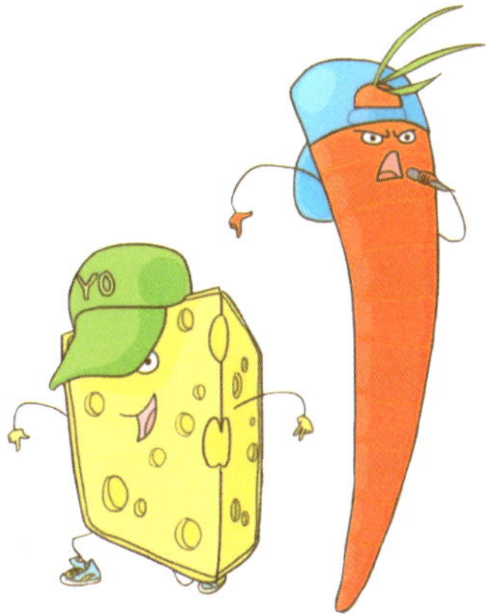

Monsieur-Madame

Monsieur et madame vivent de nombreuses aventures ! Ils ont des noms bizarres et des prénoms étranges...
Et toi, ton prénom et ton nom forment-ils une phrase rigolote ?

Monsieur et madame Orleskinautique ont une fille. Comment s'appelle-t-elle ?

Jade (J'adore le ski nautique).

Monsieur et madame Déchichisurlaplage ont un fils. Comment s'appelle-t-il ?

Yvan (Il vend des chichis sur la plage).

Monsieur et madame Cetété ont quatre enfants : trois fils et une fille. Comment s'appellent-ils ?

Yvon, Aude, Dan, Marc (Ils vont au Danemark cet été).

Monsieur et madame Plui ont une fille. Comment s'appelle-t-elle ?

Aude (Eau de pluie).

Monsieur et madame Jardin
ont trois filles.
Comment s'appellent-elles ?

Elsa, Rose, Laure (Elles arrosent leur jardin).

Monsieur et madame Ozoirsontenfer ont un fils.
Comment s'appelle-t-il ?

César (Ces arrosoirs sont en fer).

Monsieur et madame Menvuautandetourist
ont un fils. Comment s'appelle-t-il ?

Gérard (J'ai rarement vu autant de touristes).

Monsieur et madame Meyadusoleil ont une fille.
Comment s'appelle-t-elle ?

Annie (À Nîmes, il y a du soleil).

Monsieur et madame Haroïde ont un fils. Comment s'appelle-t-il ?

Paul (Polaroïd).

Monsieur et madame Oncampéenjuillet ont un fils. Comment s'appelle-t-il ?

Yves (Ils vont camper en juillet).

Monsieur et madame Géfroidenmatente ont une fille. Comment s'appelle-t-elle ?

Sandra (Sans drap, j'ai froid dans ma tente).

Monsieur et madame Laparty ont un fils.
Comment s'appelle-t-il ?

Ted (T'es de la partie).

Monsieur et madame Vanillefraisecilvouplé ont un fils. Comment s'appelle-t-il ?

Douglas (Deux glaces vanille-fraise, s'il vous plaît).

Monsieur et madame Liguilisoulespié ont un fils. Comment s'appelle-t-il ?

Guy (Guili-guili sous les pieds).

Monsieur et madame Lavalizdanlecoffre ont un fils. Comment s'appelle-t-il ?

Jérémie (J'ai remis la valise dans le coffre).

Monsieur et madame Aencorpourlontempsavandarrivé ont un fils. Comment s'appelle-t-il ?

Yann (Y en a encore pour longtemps avant d'arriver ?).

Monsieur et madame Fatiguederienfer ont un fils. Comment s'appelle-t-il ?

Sam (Ça me fatigue de ne rien faire).

Monsieur et madame Tarautourdunfeudebois ont un fils. Comment s'appelle-t-il ?

Guy (Guitare autour d'un feu de bois).

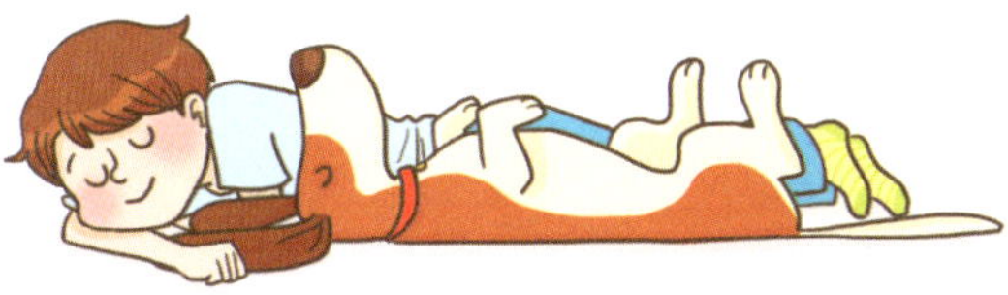

Monsieur et madame Tmelaquagym ont un fils. Comment s'appelle-t-il ?

Henri (En rythme, l'aquagym !).

Monsieur et madame Banedanmonjardin ont une fille. Comment s'appelle-t-elle ?

Jessica (J'ai six cabanes dans mon jardin).

Monsieur et madame Mielnevienpa ont une fille. Comment s'appelle-t-elle ?

Emma (Et mamie, elle ne vient pas ?).

Monsieur et madame Absolumenceroman ont une fille. Comment s'appelle-t-elle ?

Alizée (Ah, lisez absolument ce roman !).

Monsieur et madame Tatoulékou ont une fille. Comment s'appelle-t-elle ?

Sarah (Ça rate à tous les coups).

Monsieur et madame Zoudumexique ont une fille. Comment s'appelle-t-elle ?

Debbie (Des bisous du Mexique).

Monsieur et madame Abocoudestouriste ont un fils. Comment s'appelle-t-il ?

Yann (Y en a beaucoup des touristes ?).

Monsieur et madame Rivequanlesinvité ont une fille. Comment s'appelle-t-elle ?

Isa (Ils arrivent quand, les invités ?).

Monsieur et madame Brulelépiélesablecho ont un fils. Comment s'appelle-t-il ?

Sam (Ça me brûle les pieds le sable chaud).

Monsieur et madame Raquettejlapren ont une fille. Comment s'appelle-t-elle ?

Emma (Et ma raquette, je la prends ?).

Monsieur et madame Rameldanmonsac ont une fille.
Comment s'appelle-t-elle ?

Jessica (J'ai six caramels dans mon sac).

Monsieur et madame Copterdesauvetage ont un fils. Comment s'appelle-t-il ?

Élie (Hélicoptère de sauvetage).

Monsieur et madame Alotéloudehor ont une fille. Comment s'appelle-t-elle ?

Ondine (On dîne à l'hôtel ou dehors ?).

Monsieur et madame Vakance ont trois fils. Comment s'appellent-ils ?

Simon, Nicolas et Antoine (Ben quoi, ils les appellent comme ils veulent !).

Bêtises

César a mis son maillot de bain
sur la tête.
Sa maman lui dit :
« Arrête tes bêtises ! Chaque fois,
j'attrape un cheveu blanc. »
- Alors, tu as dû en faire
des tonnes de bêtises...
car les cheveux de mamie sont
tout blancs ! lui répond César. »

Investissement

Deux femmes discutent sur la plage :
« L'année dernière, j'ai inscrit Mélissa au piano.
Ça m'a coûté cher.
- Ah bon ? Les voisins ont porté plainte ? »

Choco-vanille

Camille entre chez un marchand
de glaces.
La vendeuse lui dit :
« Si tu prends trois glaces, la quatrième
est offerte.
- D'accord, alors, donnez-moi
la quatrième. »

Aïe, aïe, aïe

Cécile rentre d'une randonnée avec
la jambe tout écorchée.
« Ma pauvre chérie, tu as dû beaucoup pleurer,
lui dit sa maman.

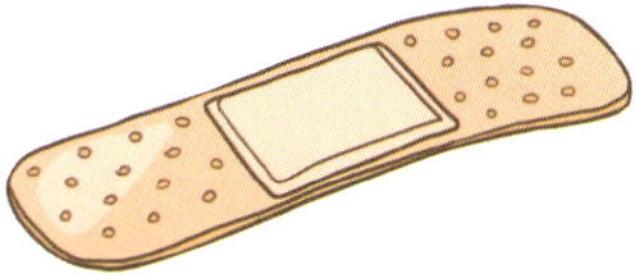

- Ce n'était pas la peine,
il n'y avait personne. »

Ronflements

« Maman ! Pendant les vacances, avec mamie, on a visité une ferme remplie de cochons.
- Et alors, c'était bien mon chéri ?
- Oui, les cochons parlent comme toi quand tu dors ! »

Cache-cache

Trois petits steaks hachés partent faire une randonnée en forêt. Un steak haché perd ses copains. Quand il les retrouve il leur demande :
« Où étiez-vous ?
- On steak haché ! »

Happy birthday !

De retour de shopping,
Cynthia demande :
« Papa, qu'est-ce qui te ferait plaisir
pour ton anniversaire ?
- J'aimerais que tu sois gentille et que tu aides
ta sœur à mettre la table.
- Trop tard ! Je t'ai acheté une cravate ! »

Petit trou

Une mite se promène sur un pull.
Elle rencontre une autre mite
et lui demande :
« Tu pars où en vacances ?
- Oh, j'ai trouvé un petit trou
dans la manche. »

Le fou

Un homme étrange plante des râteaux tout autour de sa serviette sur la plage. Son voisin lui demande :
« Pourquoi plantez-vous des râteaux comme ça ?
- Pour éloigner les pingouins volants.
- Mais il n'y a pas de pingouins volants par ici !
- Ah, ben, vous voyez, ça fonctionne ! C'est grâce à mes râteaux ! »

Fou de foot

Un père demande à son fils :
« Trois et trois, ça fait combien ?
- Match nul, papa ! »

Bien au frais

Deux glaces sont dans
un congélateur.
« Ça caille, dit l'une.
- Ahhhh, une glace qui parle !
répond l'autre. »

Journée pluvieuse

Aujourd'hui, il pleut. Léa et Mathéo décident d'aller au cinéma. Ils n'arrêtent pas de discuter pendant le film. Leur voisin leur dit :
« S'il vous plaît, je n'entends rien !
Léa et et Mathéo répondent :
- De toute façon, ça ne vous regarde pas ce que l'on se raconte, non mais ! »

Tous différents !

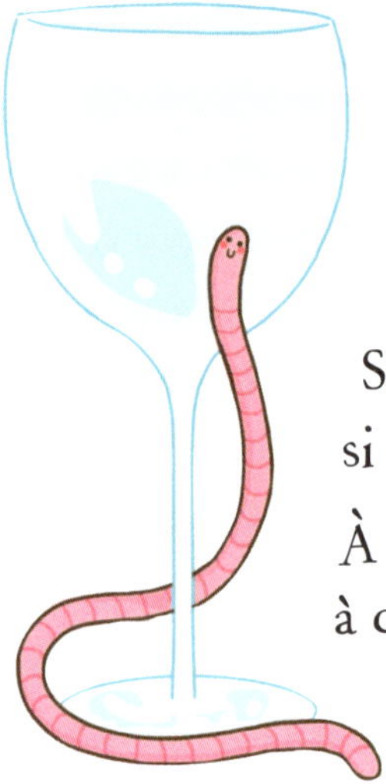

Deux choses différentes
peuvent avoir un point commun
et deux choses qui se ressemblent
peuvent se différencier !
Si ressemblants et pourtant
si différents !

À toi de trouver la réponse
à ces petites colles !

Quel est le point commun entre un parachute et l'humour ?

Quand on n'en a pas, on s'écrase.

Quel est le point commun entre une pioche, un pull et une semaine ?

La pioche a un manche, le pull a deux manches et la semaine a dix manches (dimanche).

Quel est le point commun entre un morceau de gruyère et une carotte ?

Ils détestent tous les deux le rap.

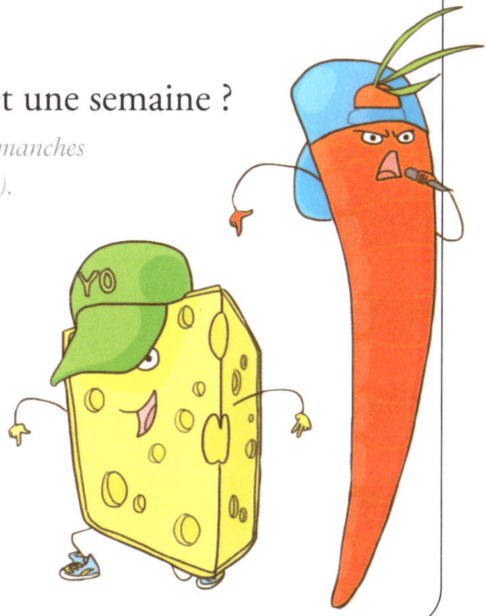

Quelle est la différence entre un chat et un homme ?

Aucune, tous les deux ont peur de l'aspirateur.

Quelle est la différence entre un thermomètre et une note de contrôle ?

Aucune, on tremble toujours quand ils marquent 0.

Quelle est la différence entre un calendrier, une maison et un oiseau ?

Le calendrier est à mois, la maison est à toit et l'oiseau est à ailes.

Quelle est la différence entre un fruit et un légume ?

Le fruit a la pêche et le légume a la patate.

Quelle est la différence entre une ceinture et toi ?

La ceinture serre la taille et toi, tu sers à rien !

Quelle est la différence entre la statue de la liberté et une vieille chemise pas lavée ?

La statue de la liberté est colossale alors que la chemise est sale au col.

Quelle est la différence entre une montre et un footballeur ?

La montre fait tic tac et le footballeur a une tactique.

Quelle est la différence entre un policier et une Cocotte-Minute ?

Aucune. Quand les deux sifflent, c'est cuit !

Quelle est la différence entre un petit pois et un bleuet ?

Le bleuet est un petit pois qui a manqué d'air à la naissance.

Quelle est la différence entre un cheval et un zèbre ?

Le cheval n'a pas encore eu le temps de mettre son pyjama.

Quelle est la différence entre une girouette et un horloger ?

La girouette montre les vents et l'horloger vend les montres.

Quelle est la différence entre un cendrier et une théière ?

Le cendrier c'est pour des cendres, et la théière, c'est pour mon thé !

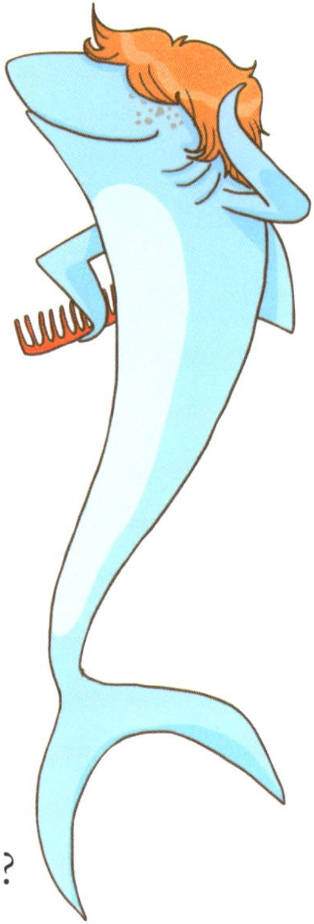

Quelle est la différence entre un rouquin et un requin ?

L'un a les cheveux du père, et l'autre a les dents de la mer.

Quelle est la différence entre un gendarme et un gel douche ?

Le gendarme fait partie de la police et le gel douche rend la peau lisse.

Quelle est la différence entre un chameau et un dromadaire ?

Le chameau est un dromadaire qui s'est cogné.

Quelle est la différence entre une contravention et un moustique ?

Aucune, les deux finissent toujours sur un pare-brise !

Quelle est la différence entre un clocher et la lettre E ?

La lettre E, c'est la voyelle, et le clocher, c'est là qu'on sonne (la consonne).

Quelle est la différence entre la Lune et toi ?

La Lune est un astre et toi, tu es un désastre !

Quelle est la différence entre Sammy et Scooby-Doo ?

Scooby-Doo n'a pas de chien.

Quelle est la différence entre un facteur et un jongleur ?

Il n'y en a pas. Ni l'un ni l'autre ne manque d'adresse.

Quelle est la différence entre un crocodile et un alligator ?

C'est caïman (quasiment) pareil !

Quelle est la différence entre une souris et une chauve-souris ?

La chauve-souris ne porte pas de perruque.

Quelle est la différence entre le base-ball et la messe ?

Le base-ball, c'est neuf manches et la messe, c'est dimanche !

Quelle est la différence entre une limace et un escargot ?

La limace n'a pas obtenu de logement de fonction.

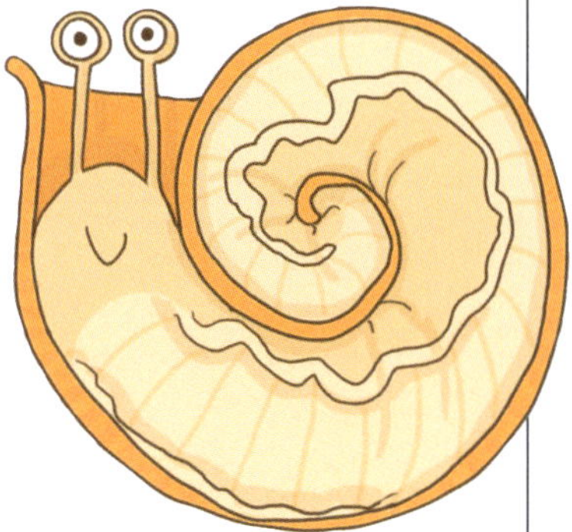

Quelle est la différence entre une chaussure et une route sinueuse de montagne ?

Aucune. Elles ont toutes les deux des lacets !

Peur bleue

Deux filles discutent. L'une des deux dit :
« J'ai vu des requins
dans l'eau.
- Ah, oui, combien ?
- 7.
- Tu dis ?
- Je dis sept.
- 17 ?
- Non, sans dix !
- 110 ? Mais t'as pas eu peur ? »

Chien méchant

Un homme plante des panneaux dans son jardin « Attention au chien ». Son voisin lui demande :
« Mais pourquoi vous mettez ces panneaux, c'est juste un chihuahua !
- Justement, c'est pour qu'on ne l'écrase pas ! »

L'amour

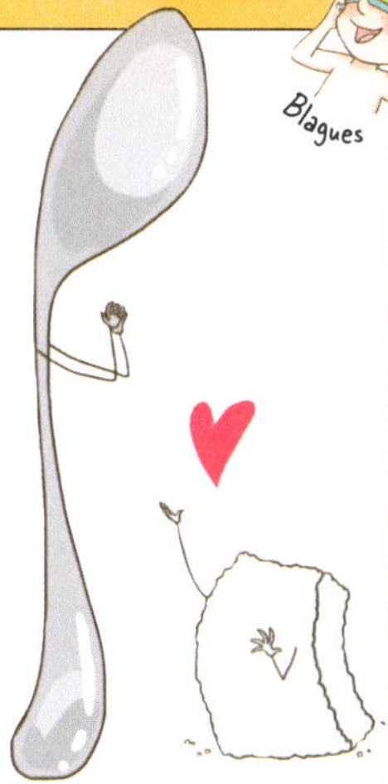

Une cuillère et un sucre sont amoureux.
La cuillère demande au sucre :
« Où pourrait-on se revoir ?
Le sucre lui répond :
- Dans un café ! »

Méchante !

Une petite fille demande à sa grand-mère :
« Mamie, est-ce que tu es coiffeuse ?
- Non, pourquoi ?
- Parce que maman a dit que tu frisais la soixantaine et que tu allais nous raser pendant toutes les vacances. »

Coup de foudre

Sur le toit d'une maison, une antenne fait les yeux doux à un paratonnerre. Elle lui dit :
« Dis, tu y crois, toi, au coup de foudre ? »

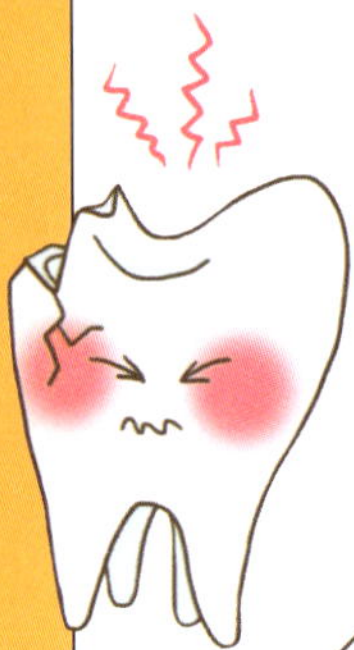

Accident

Vincent fait du vélo et dit à sa maman :
« Regarde, maman, sans les mains !
- Super, Vincent ! répond sa mère.
Puis, il slalome et rentre dans un arbre.
Il retourne voir sa maman en souriant et lui dit :
- Regarde, maman,
sans les dents ! »

Terreur nocturne

La maman de Benjamin emmène son fils dans sa tente, éteint la lumière et lui souhaite une bonne nuit. Benjamin lui dit, un peu apeuré :
« Maman, je peux dormir dans votre tente, j'ai peur.
- Mais, mon chéri, tu sais bien que je dors avec papa.
- Pff ! Quel gros bébé, ce papa ! »

Super fiesta

Deux orages discutent :
« Tu t'es éclaté hier ?
- Oui ! C'était du tonnerre ! »

Histoire de fous

Un fou dit à un autre fou :
« Tu crois que la Lune est habitée.
- Bien sûr, elle est allumée tous les soirs ! »

En panne

Un réparateur rapporte à sa cliente l'aspirateur qu'il a réparé. Pour lui prouver qu'il est en parfait état, il étale plein de poussière et dit, sûr de lui :
« Je m'engage à manger tout ce que l'aspirateur n'aura pas aspiré.
- Eh bien, bon appétit ! L'électricité est coupée depuis hier soir à cause de l'orage. »

Malade comme un chien

Hector dit à son amie Ludivine :

« Tu n'es pas venue à la fête du camping hier soir ?

- Oh, non ! Je n'ai pas pu ! J'avais une fièvre de cheval, et j'ai été malade comme un chien pendant tout la nuit. En plus, j'avais un chat dans la gorge et je boitais comme un chien battu. Je pense qu'il faut vraiment que j'aille chez le docteur.

- Tu ne crois pas que c'est plutôt un vétérinaire. que tu devrais consulter ? »

DEVINETTES TROP CHOUETTES !!!

PAS TOUJOURS FACILE DE TROUVER LA RÉPONSE À CES DEVINETTES !

ALORS, RÉFLÉCHIS, CREUSE-TOI BIEN LES MÉNINGES ET AMUSE-TOI À COLLER TES AMIS !

Pourquoi ne faut-il surtout pas raconter une blague à un ballon ?

Parce que sinon, il éclate de rire !

Peux-tu citer le nom d'un port étranger ?

Le cochon d'Inde !

Que prend toujours dans son sac un pingouin qui part à la plage ?

De la crème polaire.

Qu'est ce qui a des ailes, ne bat pas des ailes et vole pourtant ?

Un avion.

Quel insecte obtient-on si on étire un papi ?

Un papillon !

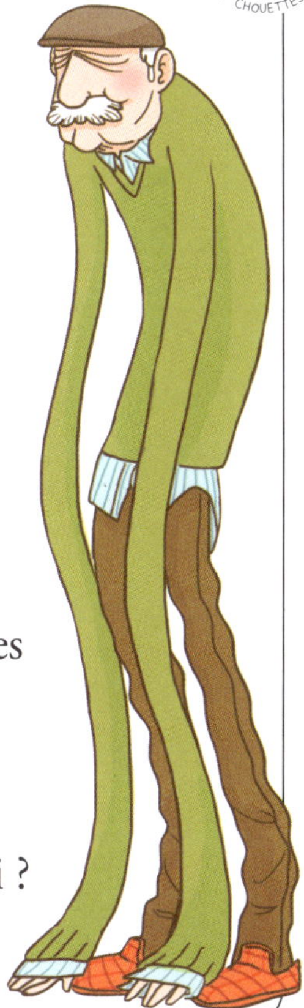

Pourquoi les pêcheurs sont-ils maigres ?

Parce qu'ils surveillent leur ligne !

À quoi jouent les squelettes en vacances à l'heure de l'apéro ?

Aux osselets !

Qu'est-ce qui tombe le soir de la fête de la musique ?

La nuit.

Où les fantômes vont-ils en vacances ?

À Malibouhhhoouuhhh !

C'est qui le squelette dans la cabine de plage ?

Celui qui a gagné à cache-cache l'été dernier !

Qu'est-ce qui est vert et qui vit au fond de la mer ?

Un chou marin !

Que dit un vampire qui quitte sa victime ?

Merci beau cou.

Quel animal gagne toujours la course ?

Le pou, car il est toujours en tête.

Que font les brosses à dents le jour du 14 Juillet ?

Un feu dentifrice !

Comment s'appelle la personne qui signe toutes ses cartes postales ainsi : Mademoselle ?

Mademoiselle Sophie (sauf " i ").

Pourquoi les requins vivent-ils seulement dans l'eau salée ?

Parce que s'ils vivaient dans l'eau poivrée, ils passeraient leur temps à éternuer !

Pourquoi les poissons ne parlent-ils pas anglais ?

Parce qu'ils s'en fichent (fish).

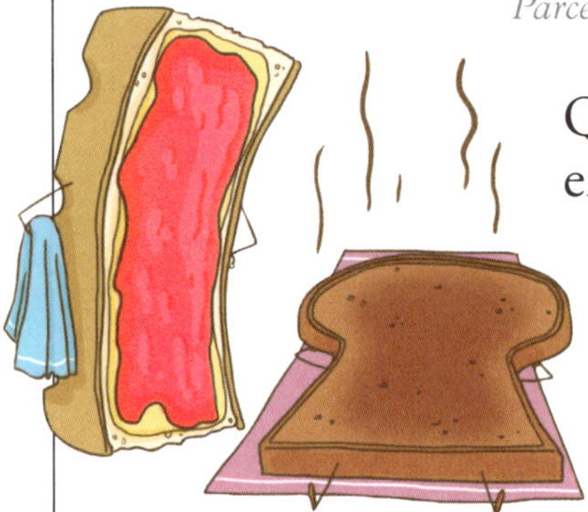

Que dit une tartine à un toast en train de se faire dorer au soleil ?

T'es grillé !

Un éléphant entre dans le bar de la plage. Que prend-il ?

Toute la place !

Quel est le coquillage le plus léger ?

La palourde.

Avec quels fruits ne peut-on pas faire de confiture ?

Les fruits de mer.

Pourquoi les poissons-chats s'ennuient-ils pendant leurs congés ?

Parce qu'il n'existe pas de poissons-souris.

Que fait monsieur Araignée pour parler à madame Araignée quand elle est partie en vacances ?

Il lui passe un coup de fil !

Combien y a-t-il de litres d'eau dans l'océan Atlantique ?

Je ne sais pas, mais bon courage pour les compter !

Pourquoi la Normandie et l'Angleterre sont-elles très proches ?

Parce qu'elles se tiennent par la Manche.

Quel est le rêve de tous les chiens ?

Se marier pour passer une nuit de n'os (de noces).

Quel est le sport le plus silencieux ?

Le para…chuuuut.

Comment appelle-t-on un lapin sourd ?

Laaaapiiiiin ! (très fort).

Que fait une fraise en randonnée sur un cheval ?

Tagada, tagada.

Que se disent deux bouteilles de soda qui se rencontrent ?

Ça gaze ?

Avec quel arbre ne faut-il surtout pas construire un radeau ?

Le noyer.

Pourquoi les oiseaux volent-ils vers le nord l'été ?

Parce que c'est trop long d'y aller à pied !

Quel oiseau est capable de soulever un éléphant ?

La grue.

Que dit une grenouille qui arrive à l'heure ?

Cool, je suis dans l'étang (dans les temps).

Qu'est-ce qu'un steak qui n'en est pas un ?

Une pastèque.

Quels sont les hommes venus du froid que les enfants adorent ?

Les Esquimaux !

Quelles sont les quatre lettres préférées des parents ?

O, B, I, C (obéissez).

Qu'est-ce qu'un dromadaire ?

C'est un chameau qui bosse à mi-temps.

Est-il vrai que les carottes sont bonnes pour la vue ?

Bien sûr, tu as déjà vu un lapin avec des lunettes ?

Une vache sort de l'eau.
Dit-on qu'elle est sec ou qu'elle est sèche ?

Ni l'un ni l'autre. On dit qu'elle est mouillée !

Quel légume gagne tout le temps à « cap ou pas cap » ?

Le pois chiche.

Que dit un putois qui rencontre un autre putois ?

Tu pues, toi !

Pourquoi les Belges sont-ils petits ?

Parce qu'ils naissent dans les choux de Bruxelles !

Qu'a fait Christophe Colomb après avoir posé un pied en Amérique ?

Il a posé l'autre pied !

Nouvelles technologies

Deux abeilles se séparent après avoir passé de super bonnes vacances ensemble. L'une d'elle dit :
« Tu sais j'ai Internet.
- Super ! Donne-moi vite ton e-miel pour que je t'écrive ! »

L'intrus

Dans un réfrigérateur, un œuf dit à son voisin :
« Qu'est-ce que tu as, tu es malade ?
T'es tout vert et tout poilu !
- Normal, je suis un kiwi ! »

Petit gourmand

Quatre petits frères lapins jouent aux cartes sur la terrasse au clair de lune. L'un des lapins pose ses cartes et s'écrie :
« Qui a mangé les trèfles ? »

Piqûre de méduse

Un homme arrive essoufflé dans le cabinet du médecin et dit :
« Docteur, une méduse m'a piqué.
- Vous l'avez désinfectée ?
- Ben, non, elle est retournée dans la mer ! »

Shopping

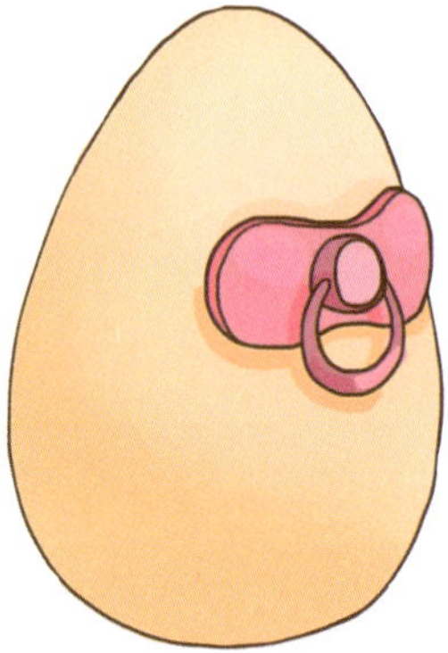

Papa Coq et maman Poule
font du shopping
au marché et voient un stand
de coquetiers.
Maman Poule s'exclame :
« Ils ont de jolis berceaux par ici ! »

On a dit vert !

Gaétan arrive dans la ville de ses vacances.
Il est en voiture avec son papa et ils sont arrêtés
à un feu rouge. Gaétan dit :
« C'est vert !
Son père réfléchit quelques secondes et répond :
- Un martien ? Une grenouille ? »

Devoirs de vacances

Magalie et Violette font leurs devoirs de vacances. Magalie demande :
« Tu peux me prêter ton surligneur ?
Magalie essaie le surligneur et dit :
- Mais il ne marche pas !
- Normal, il n'a pas de pieds ! »

Police !

Dans la rue, un homme demande à une femme :
« Vous n'auriez pas vu un policier ?
- Non, répond-elle.
- Alors, donnez-moi votre sac à main. »

Un oiseau comme cadeau

Pour son anniversaire, Ophélie veut un perroquet. Elle se rend dans un magasin et la vendeuse lui propose :
« Un rouge ou un vert ?
- Un rouge, l'autre n'est pas mûr, répond Ophélie. »

Jolie balade

Deux escargots se promènent sur une plage. L'un des deux voit une limace et s'exclame :
« Vite, filons d'ici, nous sommes sur une plage nudiste ! »

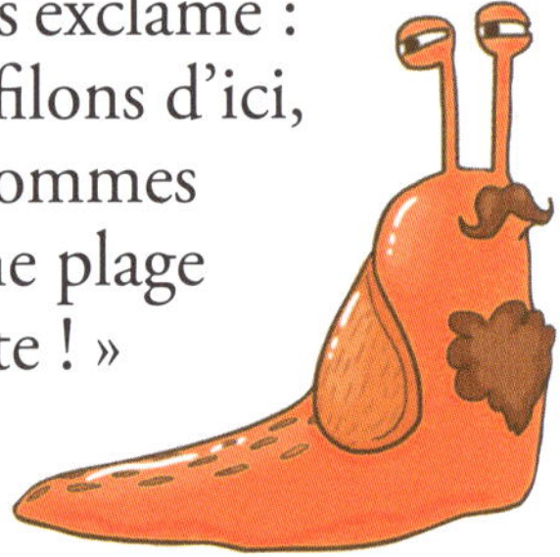

Même pas peur !

Un voleur décide de profiter de l'absence des propriétaires, partis en vacances, pour cambrioler une maison. Devant la maison, il voit un panneau « Attention, perroquet méchant ». Il rigole et décide d'entrer quand même. Et là, il entend le perroquet crier : « Allez, Médor, attaque ! »

Moyen de locomotion

Deux puces rentrent de la plage. La première demande à l'autre :
« On rentre à pied ou on prend un chien ? »

Pluriels pour de faux...

La langue française, les singuliers-pluriels,
les exceptions...
ce n'est pas toujours facile !
On a décidé de réinventer
les règles de grammaire,
c'est plus rigolo !

Trouve les faux pluriels
puis essaie d'en inventer
à ton tour !

Quel est le pluriel d'un couteau ?

Des coupes (car un couteau découpe).

Quel est le pluriel d'un train ?

Des rails (car un train déraille).

Quel est le pluriel d'un crâne ?

Des garnis (car un crâne dégarni).

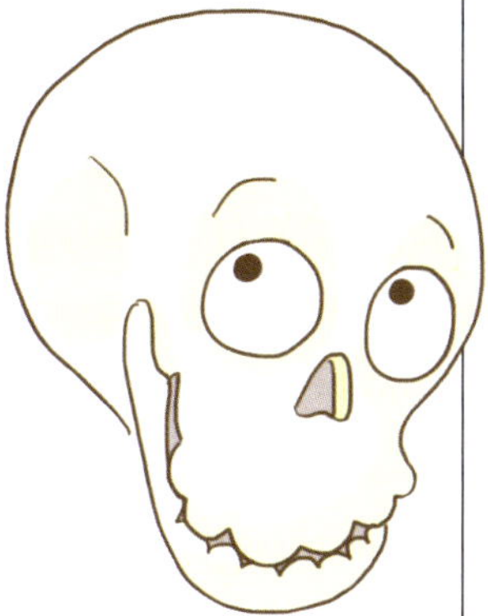

Quel est le pluriel d'une victoire ?

Des fêtes (car victoire-défaite).

Quel est le pluriel d'un cow-boy ?

Des gaines
(car un cow-boy dégaine).

Quel est le pluriel d'une qualité ?

Des faux (car qualité-défaut).

Quel est le pluriel d'une voiture ?

Des boîtes (car une voiture déboîte).

Quel est le pluriel de rire ?

Des foules (car rire défoule).

Quel est le pluriel d'un voleur ?

Des robes (car un voleur dérobe).

Quel est le pluriel d'une mauvaise note ?

Des soies (car une mauvaise note déçoit).

Quel est le pluriel d'une bonne blague ?

Des rides (car une bonne blague déride).

Quel est le pluriel d'un fer à repasser ?

Des fripes (car un fer à repasser défripe).

Quel est le pluriel d'un bon ami ?

Des pannes (car un bon ami dépanne).

Quel est le pluriel d'un vent violent ?

Des coiffes (car un vent violent décoiffe).

Quel est le pluriel d'un jeu ?

Des chèques (car un jeu d'échecs).

Quel est le pluriel d'un mur ?

Des crépis (car un mur décrépi).

Quel est le pluriel d'un film ?

Des buts (car un film débute).

Quel est le pluriel d'un pronom ?

Des finis (car un pronom défini).

Quel est le pluriel d'un faux ?

Des parts (car un faux départ).

Quel est le pluriel d'un voleur ?

Des masqués (car un voleur démasqué).

Quel est le pluriel d'une ville ?

Des truites (car une ville détruite).

Quel est le pluriel d'un combat ?

Des pets (car un combat d'épée).

Quel est le pluriel d'une luxation ?

Des pôles (car une luxation d'épaule).

Quel est le pluriel d'une boîte ?

Des pinards (car une boîte d'épinards).

Quel est le pluriel d'un chef ?

Des tas (car un chef d'État).

Quel est le pluriel d'une grenouille ?

Des taons (car une grenouille d'étang).

Quel est le pluriel d'une soirée ?

Des thés (car une soirée d'été).

Quel est le pluriel d'une vapeur ?

Des terres (car une vapeur d'éther).

Quel est le pluriel d'une poussière ?

Des toiles (car une poussière d'étoiles).

Quel est le pluriel d'un grand ?

Des tours (car un grand détour).

Quel est le pluriel d'un jouet ?

Des veilles (car un jouet d'éveil).

Quel est le pluriel d'un révolver ?

Des sangs (car un révolver descend).

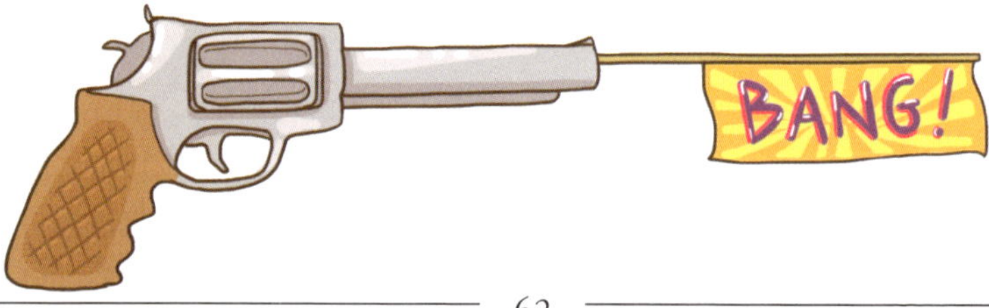

Quel est le pluriel d'un fou ?

Des blocs (car un fou débloque).

Quel est le pluriel du vinaigre blanc ?

Des capes (car le vinaigre blanc décape).

Quel est le pluriel d'un avocat ?

Des faons (car un avocat défend).

Quel est le pluriel d'un vieux ?

Des Brie (car un vieux débris).

Prix vitaminé

Un koala entre dans un bar et commande un cocktail de fruits. Le serveur lui apporte et lui réclame 15 euros. Le koala boit son verre et paie. Le serveur, interloqué lui dit :
« On ne voit pas beaucoup de koalas dans notre bar d'habitude.
Le koala répond :
- À 15 euros le cocktail, ça ne m'étonne pas ! »

Chaud aux fesses

Maman allumette prévient ses enfants :
« Pendant les vacances, il fera chaud mais ne vous grattez pas la tête ! »

Mini et maxi

Une souris et un éléphant font une course dans le sable. La souris se retourne et dit :
« Tu as vu toute la poussière qu'on fait ! »

Château hanté

Un groupe de touristes visite un château en ruine. Un homme demande au guide en claquant des dents :
« J'ai très peur, il paraît qu'il y a des fantômes qui rôdent.
Le guide lui répond :
- Impossible ! Cela fait 600 ans que j'habite ici, et je n'ai jamais rien vu ! »

Prénom

Un chiot demande à son père :
« Dis papa, mon vrai nom c'est "Assis"
ou "Couché" ? »

Picasso

Un homme profite de ses vacances pour visiter un musée pour la première fois avec un guide.
Soudain, il s'écrie :
« C'est moche, monsieur !
- C'est du Picasso.
Dix minutes après :
- C'est encore plus moche que votre « Picasso » !
- Ça, c'est un miroir, monsieur. »

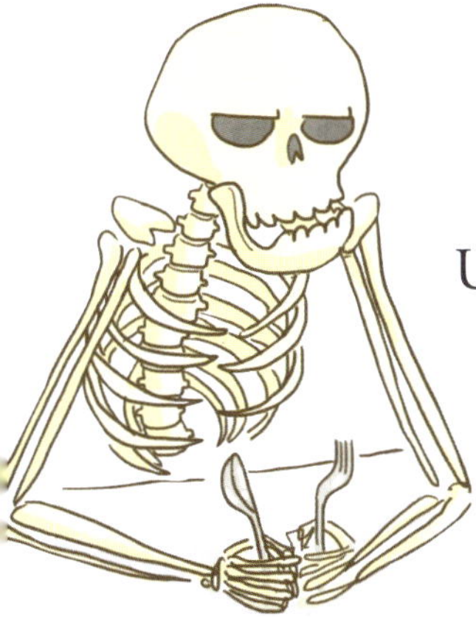

Mauvais choix

Un squelette en vacances dans une région qu'il ne connaît pas entre dans un restaurant au hasard.

Il commande un couscous et un verre d'eau gazeuse.

Le serveur lui apporte en tremblant de peur.

Le squelette mange son couscous, boit son verre et demande l'addition.

Le serveur, toujours tremblant, lui apporte et lui dit :

« Vous savez on ne voit pas souvent des squelettes venir dîner ici.

- À 40 euros le couscous, ça ne m'étonne pas ! »

Ouaf !

Un peu apeurée, Émilie demande à sa nouvelle copine rencontrée au club de vacances :
« Est-ce que ton chien aime les enfants ?
- Oui, mais il préfère les croquettes ! »

Nuit sanguine

Après une nuit agitée, deux vampires se retrouvent au restaurant de leur hôtel. L'un d'eux est couvert de sang…
« Quelle chance ! Où as-tu trouvé tout ce bon sang bien frais ?
- Tu vois le lampadaire là-bas ?
- Oui.
- Eh bien moi, je ne l'ai pas vu ! »

Bord de route

Un fantôme et un vampire partent en vacances, leur valise à la main. Ils sont au bord d'une route déserte.
« Pourquoi restez-vous là ? demande le vampire.
- J'attends le vaisseau fantôme, et vous ? répond le fantôme.
- Moi, j'attends le vaisseau sanguin… »

Stop !

Un gendarme arrête un automobiliste sur la route des vacances, à l'aire de péage :
« Vous n'avez pas vu la limitation de vitesse à 130 km/h ?
- Si ! Mais c'est vous que je n'avais pas vu ! »

Charades

Les charades permettent de trouver des mots ou des phrases grâce à des indices.
Voici la première pour t'entraîner :

Mon premier miaule.

Mon deuxième vit dans les égouts.

Mon troisième vient après un mais avant trois.

Charade (chat-rat-deux).

Mon premier est le contraire de tard.

Mon deuxième est le contraire de moche.

On met mon troisième pour faire la vaisselle.

Mon tout est un super jeu d'extérieur.

Toboggan (tôt-beau-gant).

Mon premier sert à couper du bois.

Mon deuxième est au milieu
de la figure.

Mon troisième soutient
la voile des bateaux.

On peut aller dans mon
tout si on s'ennuie
ou s'il pleut !

Cinéma (scie-nez-mât).

Mon premier est le contraire de haut.
Mon second est le contraire de court.
Tu joues avec mon tout sur la plage.

Ballon (bas-long).

Mon premier peut être à main ou à dos.
Mon deuxième vient après 1 mais avant 3.
Mon troisième est très long chez la girafe.
Mon quatrième
fait « miaou ».
Mon cinquième
est la première
personne du singulier.
Mon tout est très utile
pour camper !

Sac de couchage (sac-deux-cou-chat-je).

Mon premier est la première lettre de l'alphabet.

Les oiseaux couvent leurs petits dans mon second.

Mon troisième sert à construire des phrases.

Mon tout peut être de compagnie, apprivoisé ou sauvage.

Animaux (A-nid-mot).

Mon premier se mesure en kilogrammes.

Mon second vient après « mon, ton, … ».

Mon tout vit sans la mer et a des nageoires.

Poisson (poids-son).

Mon premier est la première note de musique.

Mon second est le contraire d'épais.

Mon tout est un mammifère marin qui adore sauter dans l'océan.

Dauphin (do-fin).

Mon premier est le contraire de haut.

On tond mon second sur le dos des moutons.

Mon tout est le plus gros des mammifères marins.

Baleine (bas-laine).

Mon premier n'a pas raison.

Mon second est le pronom entre « je » et « il ».

Mon tout porte une carapace.

Tortue (tort-tue).

Mon premier est le résultat
d'un match sportif.

Mon second sert à se déplacer
dans un jeu de société.

Mon tout est un animal qui pique.

Scorpion (score-pion).

Mon premier habite dans nos cheveux.

Mon second est le contraire de beau.

Mon tout est un poussin adulte.

Poulet (pou-laid).

Mon premier est la femelle du chat.

Mon second coule du robinet.

Tu peux visiter mon tout mais il peut être hanté !

Château (chatte-eau).

Mon premier est un animal de la ferme
qui se roule dans la boue.

On amarre les bateaux à mon deuxième.

Mon troisième est le sommet d'une montagne.

Porc-épic (porc-quai-pic).

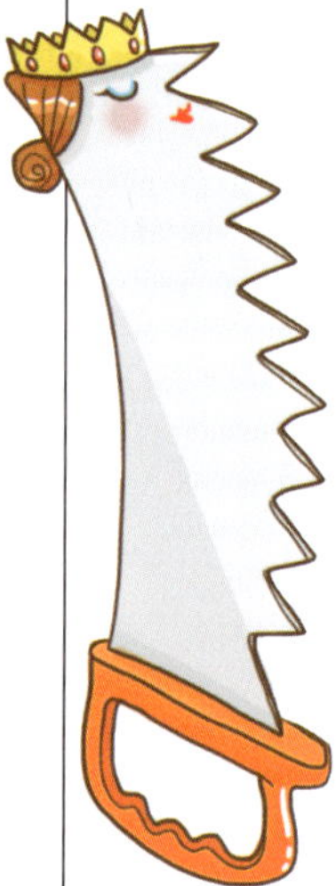

On coupe du bois grâce à mon premier.
Mon second est la femme du roi.
Mon tout a une queue de poisson
mais n'est pas un poisson.

Sirène (scie-reine).

Mon premier est un fromage français
qui ressemble au camembert.
Mon deuxième, qui se situe au niveau
de ton cou, peut être en V, rond,
Claudine...
Mon troisième est le nombre d'années
écoulées depuis ta naissance.
On peut profiter des vacances pour faire
mon tout !

Bricolage (Brie-col-âge).

Mon premier n'est pas vrai.

Tu traces mon second avec un peigne dans tes cheveux.

Dans mon tout, tu peux rencontrer des cerfs ou des sangliers.

Forêt (faux-raie)

Mon premier supporte les voiles d'un bateau.

Mon deuxième est un poisson plat.

Au zoo, les animaux sont souvent dans mon troisième.

Attention de ne pas t'embourber dans mon tout !

Marécage (mât-raie-cage).

Mon premier n'est pas haut.

Mon deuxième est un féculent adoré des Asiatiques.

Mon troisième est la 18e lettre de l'alphabet.

Mon quatrième vient après le 1.

Mon cinquième se dit « body » en anglais.

Mon sixième est un condiment composé de gousses.

Mon tout est magnifique à regarder mais il ne faut pas la toucher.

Barrière de corail (bas-riz-R-deux-corps-ail).

Mon premier vient après l'entrée mais avant le dessert.

Mon second est la première personne du singulier.

N'oublie pas ta crème solaire pour aller à mon tout !

Plage (plat-je).

Mon premier est le contraire de dur.

Mon second est le masculin de « la ».

Mon tout vit dans la mer.

Moule (mou-le).

Mon premier est le cri de la vache.

Mon second n'est pas court.

Mon tout se déguste en été avec du jambon cru, miam !

Melon (meuh-long).

Peur bleue

Deux squelettes sont au bord d'un précipice,
tout en haut d'une montagne.
L'un demande à l'autre :
« Es-tu capable de sauter ?
L'autre répond :
- Tu es fou, je tiens trop à ma peau ! »

Noyade assurée

Une jeune femme en train de se noyer
dans l'océan crie :
« Au secours, venez m'aider,
je ne sais pas nager !
Un homme qui passe par-là lui lance :
- Bienvenue au club ! »

Petit curieux

Sacha est aux toilettes du camping.
Il a laissé la porte ouverte.
Son papa lui demande :
« Pourquoi laisses-tu la porte ouverte, Sacha ?
- Parce que j'ai peur que quelqu'un me regarde par le trou de la serrure ! »

To-maths

Une tomate demande à une copine :
« Combien font 3+3 ?
- Je ne sais pas, répond son amie.
- Tu t'es creusé la tête au moins ? »

Apéro

Deux oiseaux discutent
à l'heure de l'apéro :
« Tu le veux comment ton ver
de terre ?
- Cui, cui ! »

Sale menteur

Max rentre en pleurant du club dans lequel
il a joué tout l'après-midi. Sa maman, inquiète,
lui demande :
« Ça s'est mal passé avec tes amis mon chéri ?
- On m'a menti ! Gaspard m'a dit qu'il avait deux
sœurs. Et quand j'ai demandé à sa sœur si c'était
vrai, elle m'a dit qu'elle avait un frère
et une sœur ! Tu vois, il m'a menti ! »

Petit mouchoir

Deux fantômes se baladent sur leur lieu de vacances.
Le premier dit à l'autre :
« Attention, derrière toi, il y a un mouchoir qui te suit !
- Mais non, c'est mon fils ! »

Grimpette

Deux escargots se rendent à la fête de la musique qui a lieu en haut d'un mur.
Ils grimpent toute la journée et arrivent à la nuit tombée. Arrivé tout en haut, l'un des deux dit :
« Eh ben dis donc, on peut dire qu'on en a bavé ! »

Bobos de l'été

Une petite fille se rend à l'infirmerie de la plage.

Le docteur lui demande :

« Où as-tu mal ?

La petite fille répond :

- Quand j'appuie là, j'ai mal.
Ah, et quand j'appuie là aussi, j'ai mal.
Et puis là, et là, et là.
C'est grave, docteur ?

- Non ! Tu as juste le doigt cassé ! »

C'est la fuite !

Un squelette arrive au bar de l'hôtel où il séjourne et demande au barman :

- Bonjour, je voudrais un diabolo menthe… et une serpillière !

Météo

Un ange demande à un autre ange :
« Tu crois qu'on pourra se baigner demain ?
Sais-tu quel temps il fera ?
- Je crois que la météo annonce un temps nuageux.
- Super, on va pouvoir s'asseoir. »

Soucoupe volante

Un extraterrestre demande à sa femme :
« Tu ne prends pas ta soucoupe pour aller à la plage ?
- Non, j'y vais à pied, je ne me sens pas dans mon assiette. »

Histoires de fous !!!

C'est complètement fou cette histoire !

Normal, c'est une histoire de fou.

Les fous se fourrent toujours dans des situations incongrues.

Fou rire assuré !

Balade insolite

Un fou se promène en pleine ville avec un panda.
Un policier lui dit :

« Que faites-vous, ici, avec ce panda ? »

L'homme répond :

« Je l'ai trouvé et je ne sais pas trop quoi en faire.

- Emmenez-le au zoo », propose le policier.

Le fou s'exécute et recroise le policier une heure plus tard.

« Vous êtes allé au zoo ? demande le policier inquiet.

- Oui, et comme ça lui a bien plu, je l'emmène à la plage ! »

Trafic info

Un fou écoute le trafic à la radio dans sa voiture pour rejoindre son lieu de vacances. Il entend : « Attention, un homme circule en sens inverse sur l'autoroute. » Il se dit : « N'importe quoi, ils sont au moins une centaine à être dans le sens contraire ! »

Plus on est de fous…

Un homme un petit peu dérangé vient de rentrer à l'asile. Il s'exclame :

« Mais, il y a un monde fou, là-dedans ! »

Trop fort

Un fou dit à un autre fou :

« Regarde, je suis très doué. J'ai réussi à faire en 10 jours un puzzle sur la boîte duquel il y avait écrit "3 ans et plus". »

Dédoublement de personnalité

Un fou se rend chez son psychiatre :

« Bonjour docteur,
voilà mon problème : je me prends pour un chien.

- Allongez-vous sur le canapé, nous allons en parler.

- Mais je n'ai pas le droit de monter sur le canapé ! »

Beurk !

Deux fous se baladent dans leur ville de vacances quand l'un d'eux se penche pour ramasser une crotte de chien. Il s'exclame :

« Eh, regarde dans quoi j'allais marcher ! »

Un gros pavé

Un fou voit un autre fou lire l'annuaire téléphonique sur la plage. Il lui demande :

« Il est bien ton roman ?

- Oui, mais je m'y perds ! Je trouve qu'il y a trop de personnages. »

C'est fou !

Deux fous sont dans une voiture.

« Au secours, il n'y a plus de freins !

- Ne t'inquiète pas, il y a un stop en bas ! »

Étrange disparition

Un fou demande à son frère fou lui aussi :

« Mon perroquet a disparu,
tu ne l'aurais pas vu par hasard ?

- Non…

- Mais tu es sûr ? Tu n'as rien remarqué
de bizarre pendant mes vacances ?

- Non, à part ton chat qui
s'est mis à parler ! »

Pique-nique

Trois fous partent en randonnée dans le désert. Prévoyants, le premier emporte une pomme, le deuxième, une mangue et le troisième, une porte de voiture.

Le deuxième fou demande au premier :

« Pourquoi as-tu emporté une pomme ?

- Si j'ai trop chaud, je la mangerai. Et toi, pourquoi as-tu emporté une mangue ?

- Si j'ai trop chaud, je la mangerai. »

Puis le premier et le deuxième fou demandent au troisième :

« Pourquoi as-tu emporté une porte de voiture ?

- Ben si j'ai trop chaud, j'ouvrirai la vitre ! »

Tel est pris qui croyait prendre

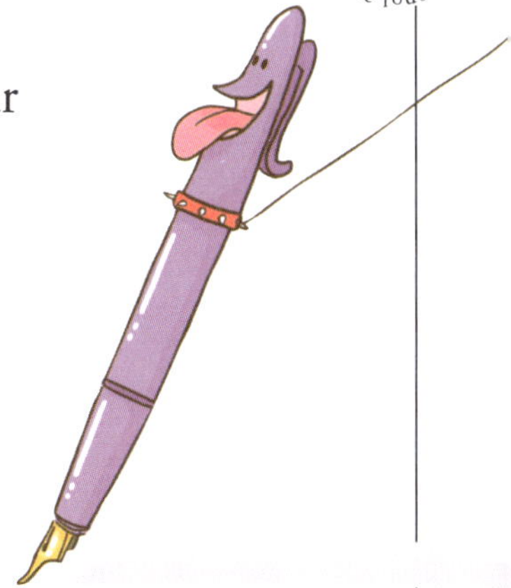

Un fou promène son stylo dans la cour de l'asile.
Le directeur lui demande :

« Tu promènes ton chien ?

- N'importe quoi, vous voyez bien que c'est mon stylo ! »

Le directeur décide donc de le renvoyer chez lui, le croyant sorti d'affaire.
En sortant, le fou se tourne vers son stylo et lui dit :

« Bravo Rex, on l'a bien eu ! »

Gros oiseau

À quoi reconnaît-on un fou dans un aéroport ?

C'est le seul qui donne des graines aux avions !

Joli bébé

Deux folles discutent entre elles.

« Tu sais comment tu vas l'appeler ton bébé ?

- Oui, Caillou.

- Caillou ? Mais ce n'est pas un prénom, ça !

- Ben quoi, tu as bien appelé le tien Pierre. »

Horlogerie en folie

Un fou rentre dans sa chambre et entend l'horloge sonner quatre coups.
Il s'exclame :

« Oh, ça va ! Je sais qu'il est une heure !
C'est pas la peine de le répéter quatre fois ! »

Trio de choc

Un fou demande à un autre fou :

« Tu connais la différence entre nous
et une carte postale ?

- Euh, non…

- Ben, aucune. On est tous les trois timbrés ! »

Saut de puce

Un fou fait des petits sauts au-dessus
de son steak-frites. L'un de ses copains lui demande :

« Mais que fais-tu ?

- Ben rien, je saute un repas ! »

Prendre de la hauteur

Un fou reste tout en haut d'une échelle,
un livre à la main. Un copain lui demande :

« Tu fais quoi ?

- Je fais des études supérieures ! »

Rafraîchissant

« Garçon, s'il vous plaît, je voudrais une eau gazeuse sans citron.
- Nous n'avons plus de citron, mais je peux vous faire une eau gazeuse sans orange, si vous voulez. »

Atchoum !

Deux microbes se rencontrent sur la plage.
« Oh, là, là, tu n'as pas l'air dans ton assiette.
- Ne m'en parle pas, je crois que j'ai attrapé des antibiotiques ! »

Hello !

Deux poissons, l'un anglais et l'autre français, se rencontrent dans l'océan.
Le poisson anglais dit au poisson français :
« Do you speak english ?
- Non, mais je m'en fish, répond le poisson français. »

Contrôle routier

Un écureuil se gare sur un passage pour piétons.
Au même moment, un gendarme lui dit :
« Eh, oh, vous voulez une amende ?
- Non, je préfèrerais une noisette, lui répond l'écureuil. »

Ah, l'amour...

Gabriel discute avec une copine. Celle-ci lui dit :
« Quand je te vois, je pense à la mer…
- C'est bizarre, je n'ai pas les yeux bleus, rétorque Gabriel.
- Non, mais tu me rends malade ! »

Jolie rencontre

Deux dauphins se rencontrent.
Le premier dit à l'autre :
« Miaou !
- Mais qu'est-ce qui t'arrive ?
- Rien, j'ai décidé d'étudier les langues ! »

Disparition

« Détective, je suis vraiment très inquiète !
Mon mari a disparu depuis trois jours.
Il était juste parti acheter des glaces pour le dessert
et il n'est pas revenu. Que puis-je faire ?
- Ben, un gâteau au chocolat
ou une tarte aux fraises. »

Ça conserve !

Deux sardines croisent
un sous-marin.
« Tiens, dit l'une,
qu'est-ce que c'est ?
- Ce sont des humains
en boîte, dit l'autre. »

Mimétisme

Deux canards sont au bord d'un lac.
Le premier dit : « Coin-coin.
Le second s'écrie :
- C'est fou, c'est exactement ce que j'allais dire ! »

Fou de rage

Avant de quitter son hôtel, un voyageur se plaint :
« J'ai trouvé une puce morte dans mon lit.
Le concierge lui rétorque :
- Eh bien, si elle était morte, rien de grave.
- Oui, mais il y avait toutes ses copines
à son enterrement, s'énerve le voyageur. »

Chut !

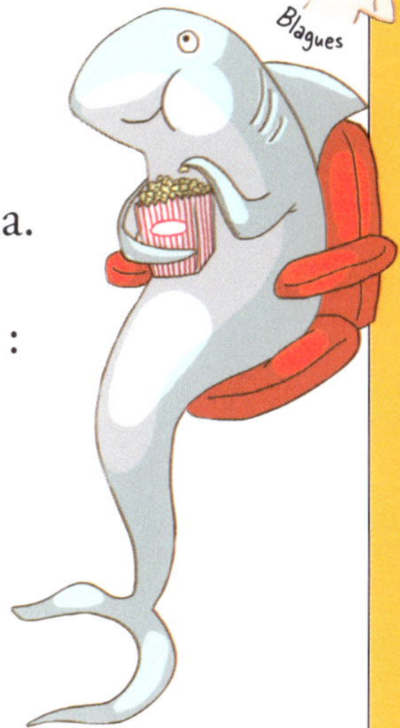

Un requin demande une place de cinéma. La caissière dit être étonnée d'entendre un requin qui parle. Celui-ci lui répond : « Ne vous inquiétez pas, je ne dirai rien pendant le film ! »

Dialogue de sourds

Deux dames discutent dans un club de vacances.
« Comment se passent les vacances avec vos enfants ?
- Mon premier a la rougeole,
mon deuxième a la grippe,
mon troisième la varicelle.
- Oh, vous savez… moi, les charades… »

HISTOIRES DE TOTO

TOTO NOUS FAIT TOUS RIRE !
IL N'EST PAS TRÈS DOUÉ À L'ÉCOLE,
ENCHAÎNE LES BÊTISES,
MAIS C'EST POUR ÇA QU'ON L'AIME !

Tu connais l'histoire de Toto
et l'appareil photo ?

Je ne peux pas te la raconter,
elle n'est pas encore développée !

La maman de Toto ne sait plus
comment occuper son fils pendant
les vacances.
Il fait une bêtise par minute.
Elle décide de consulter un médecin.
Celui-ci lui dit :

« Offrez-lui donc un vélo !

- Ah ? Vous pensez que ça va le calmer ?

- Non ! Mais il ira faire ses bêtises plus loin ! »

Toto demande à son père :

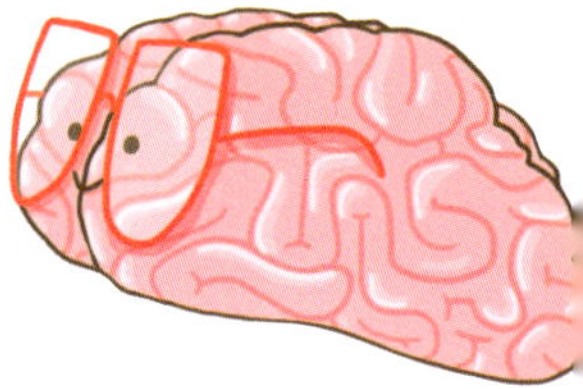

« Papa, quand je suis né,
qui m'a donné mon intelligence ?

- Sûrement ta mère, Toto.
Moi, j'ai encore toute la mienne. »

Toto prend le bus pour rentrer chez lui.
Il est très enrhumé et n'arrête pas de renifler.
Un homme à côté de lui, légèrement agacé,
lui dit :

« Dis-moi, mon garçon, tu n'as pas de mouchoir ?

- Si, répond Toto. Mais je ne le prête pas ! »

Toto est dans un magasin de jouets et prend une voiture tout-terrain. Il se rend à la caisse et donne l'argent à la vendeuse. Celle-ci lui dit :

« Mais tu ne peux pas payer avec des billets de Monopoly ! Ce sont des faux !

- Et cette voiture, c'est une vraie, peut-être ? »

« Toto, es-tu capable de me donner 5 choses qui contiennent du lait ?

- Oui, du beurre, du lait et euh…
3 vaches ! »

La maman de Toto demande
à son fils :

« Toto, quels sont
les champignons
qu'on ne peut pas manger ?

- Aucun ! Mais il y en a certains
qu'on ne peut manger
qu'une seule fois ! »

C'est le premier jour de colo
pour Toto.
L'animatrice demande le métier des parents.
À son tour, Toto répond :

« Mon père est chercheur.

- Chercheur dans quoi ?

- Eh bien, il cherche du travail ! »

La maman de Toto dit à son fils :

« Toto, mange ton steak et tu seras fort comme un bœuf !

- Tu m'as déjà fait le coup avec le poisson et je ne sais toujours pas nager ! »

Toto regarde les bateaux dans un port avec son père et lui dit :

« Papa, regarde le canot.

- Ce n'est pas un canot, mon chéri. C'est un yacht.

- Ah ? Et comment ça s'écrit ?

- Non, c'est toi qui as raison, Toto. C'est un canot. »

Tu connais l'histoire de Toto aux toilettes ?
Moi non plus, il avait fermé la porte à clé.

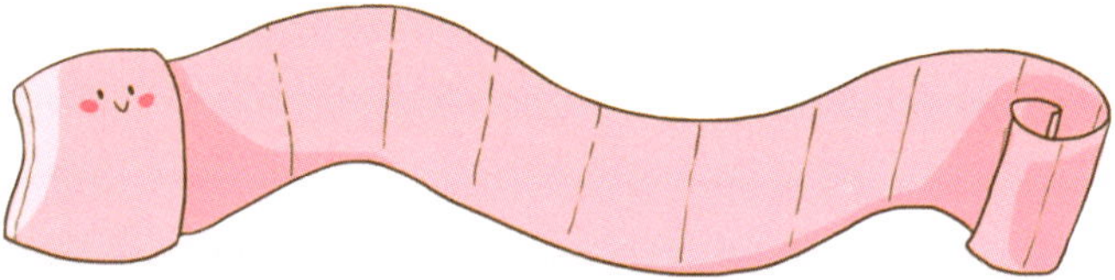

Une petite fille dit à Toto :

« Dis, on se mariera quand on sera grands, Toto ?

- Avec toi ? Hors de question ! »

La fille répond :

« Tu me trouves moche, c'est ça ?

- Mais non, c'est pas ça. Mais chez nous, on ne se marie qu'en famille : mon père avec ma mère, mamie avec papi, mon oncle avec ma tante... »

La maman de Toto a demandé à son fils d'aller acheter des glaces. Quand Toto revient avec la monnaie, sa maman lui dit :

« Super, Toto, tu peux garder la monnaie mais à condition de te tenir à carreau pour le reste de la journée. »

Toto réfléchit une minute et finit par dire :

« Non, c'est bon, je préfère te la rendre. »

« Toto, douze bouteilles de vin à 6 euros l'une, ça fait combien ?

- À la maison, ça fait 3 jours, madame. »

Toto et son père sont en train de pêcher, assis au bord d'une mare. Toto demande :

« Papa, comment font les canards pour flotter sur l'eau ?

- Oh ça, je ne sais pas, Toto...

- Papa, comment font les nuages pour avancer ?

- Oh ça, je ne sais pas, Toto...

- Papa, pourquoi le ciel est bleu ?

- Oh ça, je ne sais pas non plus, Toto...

- Papa, ça ne t'embête pas si je te pose toutes ces questions ?

- Bien sûr que non, mon Toto ! Si tu ne posais aucune question, tu n'apprendrais jamais rien ! »

Toto et ses parents sont installés à la table d'un restaurant. Alors que Toto mange très salement, son père intervient et lui dit :

« Tu manges vraiment comme un goret ! Tu sais au moins ce qu'est un goret ?

- Oui papa ! C'est le fils d'un cochon... »

Toto se tape violemment la tête contre une cabine de plage. Sa maman l'interpelle et lui demande :

« Mais qu'est-ce qui te prend, Toto ?

- Ben, tous mes amis disent que je suis marteau ! »

Histoires de sous

Une femme au bord de la piscine raconte à ses copines :

« C'est grâce à moi si mon mari est millionnaire.

- Ah bon, avant il était quoi ?
- Milliardaire ! »

Commande originale

Un homme s'installe au restaurant de l'hôtel où il séjourne.

« Garçon, je voudrais un steak qui gazouille, s'il vous plaît.

- Mais qu'est-ce que c'est que ça ?
- Ben, un steak cuit-cuit, voyons ! »

Vocation

Deux petits vampires discutent :
« Tu aimes, toi, être un vampire ?
- Oh oui, je crois que j'ai ça dans le sang ! »

Aïe, aïe, aïe !

Ambre arrive chez sa mamie avec un énorme bandage autour de la tête. Sa mamie lui demande :
« Que t'est-il arrivé ?
- Je me suis fait piquer par une abeille.
- Mais ton bandage est énorme pour une piqûre !
- Oui, mais papa l'a écrasée avec une pelle. »

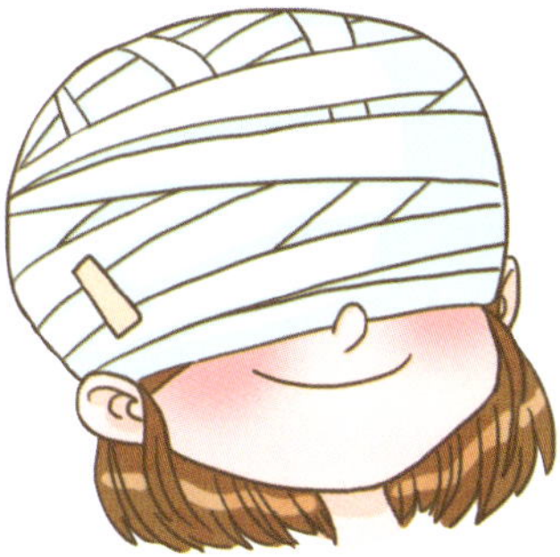

Méchant agrume

Une orange et un citron sont en vacances.
Le citron traverse la rue mais l'orange se fait écraser.
Le citron dit :
« Alors, Juju, tu te presses ? »

Bonne nuit

Deux amies font du camping.
La première dit :
« Éteins la lumière, ça va attirer les moustiques.
Quelques minutes plus tard, les deux copines aperçoivent deux vers luisants.
L'une d'elles s'écrie :
- Zut, ils ont apporté leur lampe de poche ! »

Malpolie

Une maman kangourou n'arrête pas de se gratter la poche. Un autre kangourou lui dit :
« Vous savez, ce n'est pas très poli de se gratter comme ça.
- Ben, ce n'est pas de ma faute, mon fils a plein de sable dans les poils ! »

Cambriolage

Un citron et une vache font un hold-up.
Le citron dit :
« Plus un zeste !
Et la vache ajoute :
- Que personne ne bouse ! »

Miam !

Dracula mange au restaurant :
« Je vous apporte le menu, monsieur, dit le serveur.
- Non, donnez-moi plutôt la liste des clients ! »

Devoir de vacances

« Lisa, quel est le nom de l'arbre qui donne les oranges ?
- L'oranger, maman.
- Très bien. Et l'arbre qui porte les bananes ?
- Le bananier.
- Parfait ! Et celui qui donne les dattes ?
- Le calendrier, maman ! »

Faussaire

Un dentiste dit à son patient :
« Je rêve ou vous me payez en faux billets ?
- Ben, vous me mettez bien des fausses dents ! »

Mensonge utile

Isaure rencontre un vieux monsieur dans l'ascenseur et lui dit :
« Bonjour, monsieur. Vous être très beau et vous paraissez très jeune.
- Oh, que tu es gentille. Comment pourrais-je te retourner le compliment ?
- Ben, faites comme moi, mentez ! »

Mini-énigmes

Cap ou pas cap de répondre à ces énigmes ? Pas si facile ! Mais en te creusant un peu la tête, tu peux y parvenir. Ne donne pas ta langue au chat, car c'est sûr, tu trouveras la réponse évidente.

Quand on me mouille
le dos, je pars en voyage.
Qui suis-je ?

Le timbre-poste.

Dans son placard à chaussures,
Chloé a 5 paires de tongs noires
et 5 paires de tongs blanches.
Combien doit-elle prendre de tongs pour être
sûre d'avoir une paire de la même couleur ?

3 tongs. Car il y en a forcément 2 blanches et une noire ou 2 noires et une blanche. Donc, c'est bon, elle pourra aller à la plage !

Deux fils et deux pères décident de faire une partie de cartes. Celui qui distribue fait donc quatre tas. Chacun prend son tas et pourtant il reste un tas de cartes. Pourquoi ?

Parce que autour de la table il y a trois générations : le petit-fils, le père et le grand-père. Il y a bien deux fils (le petit-fils et le père) et deux pères (le père et le grand-père). Le père est à la fois fils et père !

Une mère et ses deux enfants doivent traverser un lac en barque.
La barque peut supporter un poids de 60 kg.
La maman pèse 60 kg et ses enfants, 30 kg chacun. Comment doivent-ils procéder ?

Les deux enfants traversent le lac, l'un des deux revient au point de départ, la mère traverse. Puis, l'enfant resté au point d'arrivée revient chercher l'autre enfant au point de départ.

Je suis au bout de la main. Je commence la nuit et je finis le matin. On me trouve seulement deux fois dans l'année. Qui suis-je ?

La lettre « n ».

Une vache est dans un pré carré. Elle met à chaque fois 120 minutes pour parcourir un côté. Sauf le côté où il y a des arbres qu'elle parcourt en 2 heures. Pourquoi ?

Parce qu'en fait, il n'y a aucune différence entre 120 minutes et 2 heures ! Donc, elle met le même temps.

Je suis l'aînée de 26 sœurs. J'ai voyagé trois fois au Canada, deux fois en Allemagne, une fois en France. Qui suis-je ?

Le A !

Une fée dit à ses deux sœurs :

« La dernière de vos deux licornes qui atteindra la dune tout là-bas pourra me succéder et prendre ma place. »
Les deux sœurs courent chercher les licornes. Mais pourquoi se précipitent-elles alors qu'il faut être la dernière ?

Parce qu'elles ont échangé les licornes !

Alors, la première qui arrive à la dune fait perdre l'autre.

Nathan fait le crâneur devant ses copains, au centre aéré :

« Les gars, je vous parie qu'en moins de 2 minutes, je peux faire entre 3 et 4 000 pompes.

- Waouh, comment tu fais ? »

Nathan a raison.
Mais comment est-ce possible ?

C'est facile, il annonce qu'il peut faire entre 3 et 4 000 pompes.
Donc il réussit son pari s'il fait 4 ou 5 pompes.
L'important est d'en faire plus de 3 et moins de 4 000 !

Pour faire cuire un mini-muffin, il faut 20 minutes. Martin veut faire cuire 7 mini-muffins pour son anniversaire. De combien de temps a-t-il alors besoin ?

De 20 minutes ! Il peut les enfourner tous en même temps !

Je contiens du sucre sans être sucré. Qui suis-je ?

Un sucrier.

Comment cuire les carottes sans feu ?

Mets 9 carottes dans une casserole, enlèves-en 1.
Comme ça, les carottes sont qu'8 (cuites) !

Je disparais à la lumière et je suis présente partout dans le monde. Qui suis-je ?

L'ombre.

Une fleuriste cultive des roses très spéciales, recherchées pour leur parfum puissant. Elle possède un jardin de cinquante roses. De très mauvaise humeur, elle décide d'arracher toutes les fleurs de son jardin sauf douze. Combien de roses lui reste-t-il plantées dans son jardin ?

Douze, évidemment !

Je suis l'enfant de mon père, je suis l'enfant de ma mère et pourtant je suis le fils de personne. Est-ce possible ? Dans ce cas, qui suis-je ?

Bah, la fille !

Nous sommes deux sœurs jumelles : une petite lente et une grande rapide. On ne s'arrête jamais de travailler et on se croise souvent ! Qui sommes-nous ?

Les aiguilles d'une montre.

C'est un enfant né de ma mère et de mon père mais ce n'est ni ma sœur ni mon frère. Qui est-ce ?

Moi-même !

Taxi !

Une famille de touristes autrichiens arrive à l'aéroport d'Orly et demande un taxi pour rejoindre Paris.

Le père demande au chauffeur :

« Combien cela coûte-t-il pour aller à Paris ?

- 20 euros pour vous, 20 euros pour votre femme. Pour les bagages et vos enfants, c'est gratuit.

- Très bien, prenez les valises et les enfants. Ma femme et moi allons prendre le bus. »

Tel est pris qui croyait prendre

Un cambrioleur profite de l'absence des propriétaires pendant les mois d'été pour visiter leur maison.

En entrant, il entend :

« Dieu va te punir, Dieu va te punir. »

Le voleur se retourne et voit un perroquet.

Il lui dit :

« Comment t'appelles-tu ?

- Coco, lui répond l'oiseau.

- Coco ? C'est hyper banal pour un perroquet ! s'écrie le voleur.

- Peut-être mais Dieu, c'est pas banal pour un pitbull ! »

Chaleur

Une souris marche dans le désert à l'ombre d'un éléphant. L'éléphant soupire :
« Qu'est-ce qu'il fait chaud !
- Tu veux qu'on change de côté ? demande gentiment la souris. »

Auto-stop

Un homme prend un auto-stoppeur à bord de sa voiture. Ce dernier lui demande :
« Pourquoi vous n'avez pas d'airbag dans votre voiture ?
- Parce que ça m'empêcherait de voir la route ! »

Courageux

Deux randonneurs aperçoivent des traces de pattes énormes dans le sable.
« C'est un lion, constate le premier.
- Oui, tu devrais suivre ses traces pour savoir où il va.
- OK, et toi ?
- Moi, je vais les suivre dans l'autre sens pour savoir d'où il vient ! »

Idiot !

Un homme s'installe au restaurant de son hôtel.
Il interpelle le serveur :
« Vous servez des andouilles à midi ?
- Bien sûr, monsieur, on sert tout le monde ! »

Où ça ?

« Docteur, j'ai mal au dos, je suis tombée dans la rue.
- Près des vertèbres ? demande le médecin.
- Non, près de la plage ! »

Plongée sous-marine

Deux plongeurs discutent :
« Pourquoi tu t'es rasé la tête ?
- Pour nager plus vite grâce à l'aérodynamisme au cas où on croise un requin.
- Parce que tu crois que tu peux nager plus vite qu'un requin ?
- Non, mais plus vite que toi, ça c'est possible ! »

Le mauvais trou

Un pêcheur fait un trou dans la glace pour mettre sa canne à pêche. Il entend une voix lui dire :
« Il n'y a pas de poisson ici.
Arrêtez ça tout de suite !
- Mais qui me parle ?
- Le directeur de la patinoire ! »

1+1

Un journaliste interviewe un chirurgien :
« À quel âge avez-vous fait votre première opération ?
- Oh, je devais avoir 5-6 ans, c'était une addition ! »

ON NE DIT PAS...

DES DEVINETTES SANS QUEUE NI TÊTE ? PAS SI SÛR !
SI ON NE DIT PAS « UN POÈTE »,
ALORS ON DIT « UN KLAXON » (POUET) !
TU AS COMPRIS ?

ALORS, TROUVE LA RÉPONSE À CES PETITES DEVINETTES AMUSANTES...

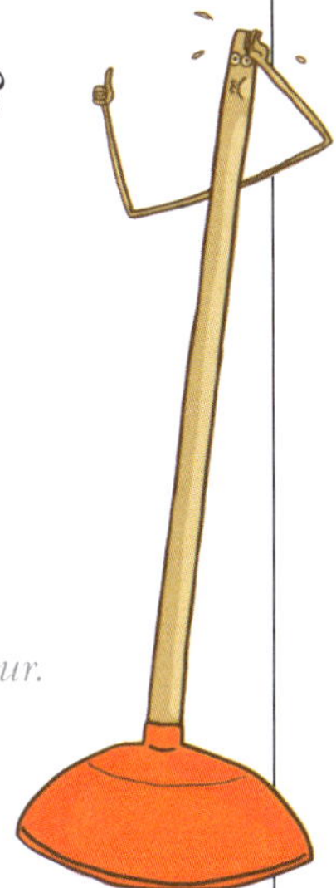

Si on ne dit pas « c'est débouché », que dit-on ?

On dit « ce sont des hommes qui coupent de la viande », puisque c'est des bouchers.

Si on ne dit pas « c'est un imposteur », que dit-on ?

On dit « c'est un facteur de petite taille », puisque c'est un nain posteur.

Si on ne dit pas « c'est un impoli », que dit-on ?

On dit « c'est une petite personne bien élevée », puisque c'est un nain poli.

Si on ne dit pas « un infâme », que dit-on ?

On dit « une naine », puisqu'un nain femme.

Si on ne dit pas « quelle richesse ! », que dit-on ?

On dit « quelle jolie écriture », puisque c'est un riche S.

Si on ne dit pas « un port USB », que dit-on ?

On dit « un cochon tatoué avec les lettres U, S et B », puisqu'un porc USB.

Si on ne dit pas « debout », que dit-on ?

On dit « une paire de morceaux », puisque deux bouts.

Si on ne dit pas « un enchanteur », que dit-on ?

On dit « une année de musique », puisqu'un an chanteur.

Si on ne dit pas « il est impatient », que dit-on ?

On dit « il attend le docteur », puisqu'il est un patient.

Si on ne dit pas « Abaisser la lunette des toilettes », que dit-on ?

On dit « réciter l'alphabet aux toilettes », puisque ABC la lunette des toilettes.

Si on ne dit pas « un impertinent », que dit-on ?

On dit « un nain qui a de la suite dans les idées »,
puisqu'un nain pertinent.

Si on ne dit pas « un interne », que dit-on ?

On dit « c'est un chiffre qui manque de couleur », puisque c'est un 1 terne.

Si on ne dit pas « ils sont dedans », que dit-on ?

On dit « ce sont deux molaires », puisqu'ils sont deux dents.

Si on ne dit pas « débat animé », que dit-on ?

On dit « des collants plein de couleurs », puisque des bas animés.

Si on ne dit pas « néanmoins », que dit-on ?

On dit « il manque quelque chose sur ce visage », puisque nez en moins.

Si on ne dit pas « le garage "Chez Michel" », que dit-on ?

On dit « le mécanicien de chez Michel est énervé », puisque le gars rage chez Michel.

Si on ne dit pas « l'orage », que dit-on ?

On dit « la mer est démontée », puisque l'eau rage.

Si on ne dit pas « dégât des eaux », que dit-on ?

On dit « des personnes qui travaillent dans les égouts », puisque des gars des eaux.

Si on ne dit pas « déboires avec la justice », que dit-on ?

On dit « un petit café au palais de justice », puisque des boires avec la justice.

Si on ne dit pas « un endurant », que dit-on ?

On dit « pendant toute une année », puisqu'un an durant.

Si on ne dit pas « un chapitre », que dit-on ?

On dit « un animal de compagnie rigolo », puisqu'un chat pitre.

Si on ne dit pas « faux filet », que dit-on ?

On dit « il est temps de s'en aller », puisqu'il faut filer.

Si on ne dit pas « sirène », que dit-on ?

On dit « trois paires de dames », puisque six reines.

Si on ne dit pas
« le persan », que dit-on ?

On dit « l'enfant orphelin »,
puisque le père-sans (sans père).

Si on ne dit pas
« un bonnet », que dit-on ?

On dit « un visage bien équilibré »,
puisqu'un beau nez.

Si on ne dit pas « un parrain »,
que dit-on ?

On dit « chacun son tour », puisqu'un par un.

Si on ne dit pas « mon corridor », que dit-on ?

On dit « je me suis allongé », puisque mon corps, il dort.

Si on ne dit pas « citron », que dit-on ?

On dit « quelques petites bûches pour la cheminée », puisque six troncs.

Si on ne dit pas « je veux monter », que dit-on ?

On dit « je boirais bien une boisson chaude », puisque je veux mon thé.

Si on ne dit pas « le perron », que dit-on ?

On dit « le monsieur un petit peu trop gros », puisque le père rond.

Zzzzz...

Un couple
assiste à un concert
lors de la fête de la musique.
Soudain, la femme donne un coup
de coude à son mari et lui dit :
« Regarde, devant nous, quelqu'un s'est endormi.
- Et alors ? Ce n'est pas une raison pour me réveiller,
répond l'homme. »

Quiproquo

Une femme s'assoit dans un parc pour profiter
du soleil. Le gardien la prévient :
« Attention, la peinture est fraîche !
- Ce n'est pas grave, répond-elle,
je ne suis pas frileuse. »

Joli surnom

Anne rentre de colonie en pleurant :
« Maman, tu avais oublié de mettre des étiquettes avec mon nom sur mes vêtements… Et pendant deux semaines, tout le monde m'a appelée 100 % coton. »

Le compte est bon

Sur l'autoroute des vacances, une femme se fait arrêter par un policier :
« À combien rouliez-vous ?
- À deux, mais si vous montez, nous serons trois ! »

Eau potable

Joy se balade avec ses parents dans un village du sud de la France. Son père décide de se rafraîchir en buvant l'eau d'une fontaine sur laquelle est gravée sa date de construction : 1722. Joy s'écrie : « Papa, tu ne crois pas que l'eau est un peu périmée depuis tout ce temps ! »

Un ange passe

Deux souris profitent du temps radieux pour se balader au parc. Soudain, l'une des deux aperçoit une chauve-souris et s'écrie : « Regarde, un ange ! »

Mauvaise surprise

Léna demande à son père :
« Papa, si on sait où est quelque chose, alors ça veut dire qu'il n'est pas perdu ?
- Tout à fait, Léna.
- Ouf, je viens de laisser ton porte-monnaie dans la rivière ! »

Féminin ou masculin ?

Jean et Michel se baladent dans la campagne.
« Oh, ce mouche m'agace, s'écrie Jean.
- C'est *une* mouche, reprend Michel.
- Oh, tu as de bons yeux, toi dis donc ! »

Blagues

Marée montante

Deux enfants partent en vacances en Bretagne et découvrent la mer pour la première fois. À marée haute, ils remplissent une bouteille d'eau de mer en souvenir, et rentrent chez eux. Le lendemain, à marée basse, l'un deux s'exclame : « Ben, dis donc, on n'est pas les seuls à avoir pris de l'eau ! »

Monstrueux

« Maman, c'est vrai que j'ai de grandes dents ?
- Mais non, mon chéri. Prends ta pelle et finis ton assiette. »

Esprit de contradiction

Une femme veut retirer un paquet au guichet de la poste.

« Votre nom, s'il vous plaît ?

- Lafond sans R.
- Pardon ?
- Lafond sans R.
- Mais il n'y a pas de R dans Lafond.
- Évidemment, ça fait deux fois que je vous le dis ! »

Splash

Deux tomates traversent la rue et l'une d'entre elles se fait écraser. L'autre lui dit :

« Bon, tu viens, ketchup ? »

COMBLES

Non, mais ça c'est un comble, tout de même !
Amuse-toi à trouver les combles de nos amis les bêtes ou les combles des métiers.
Après, c'est à toi d'en inventer !

Quel est le comble pour un électricien ?

C'est de ne pas être au courant.

Quel est le comble pour un plombier ?

C'est de prendre la fuite.

Quel est le comble pour un rugbyman ?

C'est de se faire plaquer par sa femme.

Quel est le comble pour un facteur ?

C'est d'être complètement timbré.

Quel est le comble pour un professeur de musique ?

C'est de donner des mauvaises notes.

Quel est le comble pour un chasseur ?

C'est de se faire poser un lapin.

Quel est le comble pour un cycliste ?

C'est de se faire recycler !

Quel est le comble pour un agent de police ?

C'est de souffrir de troubles de la circulation.

Quel est le comble pour un boucher ?

C'est d'avoir une tête de cochon.

Quel est le comble pour un magicien ?

C'est d'oublier sa baguette chez le boulanger.

Quel est le comble pour un cordonnier ?

C'est d'avoir un coup de pompe.

Quel est le comble pour un jardinier ?

C'est de raconter des salades.

Quel est le comble pour un juge ?

C'est de manger des avocats.

Quel est le comble pour un teinturier ?

C'est d'être complètement lessivé.

Quel est le comble pour un marin ?

C'est d'avoir le nez qui coule.

Quel est le comble pour un dentiste ?

C'est d'habiter dans un palais.

Quel est le comble pour un podologue ?

C'est de travailler d'arrache-pied.

Quel est le comble pour un cosmonaute ?

C'est d'avoir les pieds sur terre.

Quel est le comble pour un vétérinaire ?

C'est d'avoir un chat dans la gorge.

Quel est le comble pour un footballeur ?

C'est de ne pas avoir de but dans sa vie.

Quel est le comble pour un agent de police ?

C'est d'arrêter un oiseau parce qu'il vole.

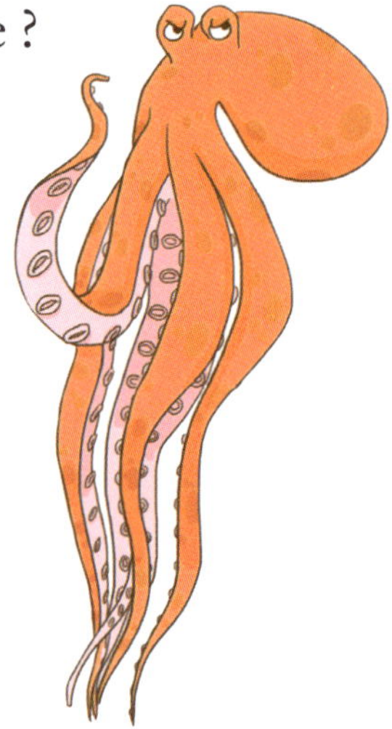

Quel est le comble pour un poulpe ?

C'est de se faire un sang d'encre !

Quel est le comble pour un fantôme ?

C'est d'être dans de beaux draps.

Quel est le comble pour une araignée ?

C'est de prendre la mouche.

Quel est le comble pour une blatte ?

C'est d'avoir le cafard.

Quel est le comble pour un poisson-lune ?

C'est de prendre un coup de soleil.

Quel est le comble pour un loup ?

C'est de jouer à saute-mouton !

Quel est le comble pour un poisson rouge ?

C'est d'avoir un bleu !

Quel est le comble pour un canard ?

C'est d'en avoir marre.

Quel est le comble pour un éléphant ?

C'est de se faire tromper !

Quel est le comble du poisson ?

C'est de nager dans le bonheur.

Quel est le comble pour un pou ?

C'est de perdre la tête.

Quel est le comble pour un coq ?

C'est d'avoir la chair de poule.

Quel est le comble de la politesse ?

C'est de frapper à la porte du four avant de l'ouvrir.

Quel est le comble de la propreté ?

C'est de se laver les mains avec des gants pour ne pas salir le savon.

Quel est le comble de la patience ?

C'est de trier des petits pois avec des gants de boxe.

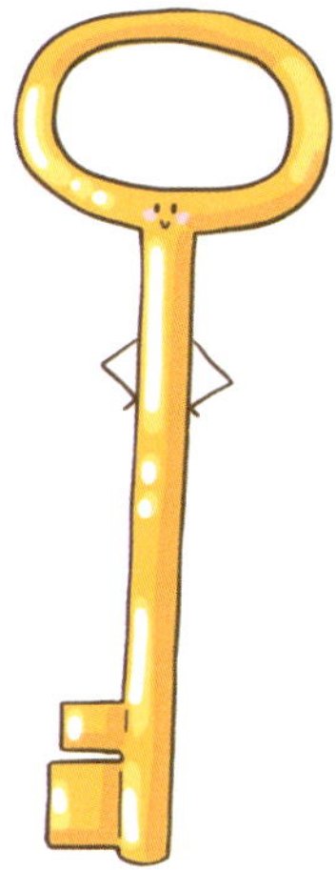

Quel est le comble de la clef ?

C'est de se faire mettre à la porte !

Quel est le comble de la courtoisie ?

C'est de ne pas vouloir battre un jeu de cartes parce qu'il y a des dames dedans !

Quel est le comble pour un avion ?

C'est d'avoir un antivol.

Quel est le comble des combles ?

C'est qu'un muet dise à un sourd qu'un aveugle les espionne !

La salsa du poulet

Dans un restaurant, un client interpelle le serveur :
« Regardez, mon poulet a une cuisse plus courte que l'autre…
- Et alors, c'est pour manger ou c'est pour danser ? »

Un joli rêve

Léon arrive en retard au centre de loisirs. L'éducateur lui demande :
« Pourquoi es-tu en retard ?
- J'ai rêvé d'un match de foot.
- Et alors ?
- À la fin, il y avait match nul, donc ils ont joué les prolongations. »

Café très sucré

Un homme dans un café demande au serveur :
« Un sucre, s'il vous plaît.
- Mais monsieur, c'est le dixième que je vous apporte !
- Ben oui, mais ce n'est pas ma faute s'ils fondent tous ! »

Haleine fraîche

Deux moutons discutent :
« Tu veux un chewing-gum ? dit le premier.
- Oui, c'est bon pour la laine (l'haleine), s'exclame le second. »

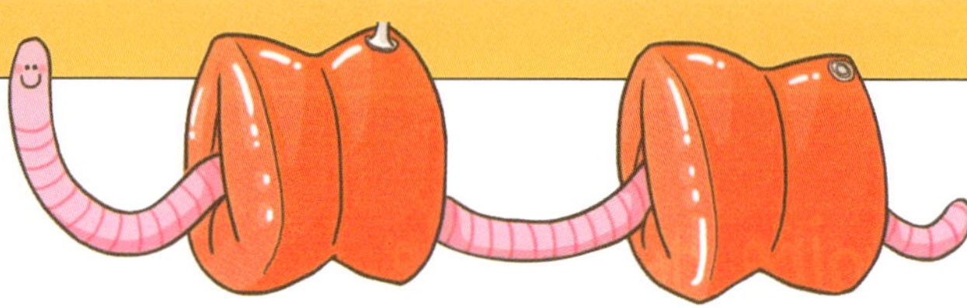

Interdit !

Un homme pêche avec son fils dans un lac protégé. Un gendarme intervient :
« Il est interdit de pêcher ici, messieurs.
- Mais, on ne pêche pas monsieur l'agent, on apprend à nager à notre ver de terre ! »

Problème d'acné

Une coccinelle décide de consulter son médecin après l'été :
« Bonjour docteur, j'ai passé tout l'été dans cet état, je n'en peux plus. Vous n'auriez rien contre les points noirs ? »

Histoire de famille

Deux cochons se baladent.
Le premier dit :
« Attention, il y a une tirelire
qui te suit !
- Mais non, c'est mon petit frère ! »

Mauvaise foi

Un client a testé une nouvelle pharmacie
lors de ses vacances.
Il retourne à la boutique, énervé :
« Votre dentifrice a vraiment un goût affreux,
je n'ai jamais vu ça.
- Et alors, qu'est-ce que ça peut faire ?
De toute façon, vous le recrachez, non ? »

Alzheimer

Une femme se rend chez son médecin :
« Docteur, j'ai des trous de mémoire.
- Ah bon, et depuis quand ?
- Depuis quand, quoi ? »

Black and white

Célia et ses parents sont à un mariage.
Célia demande à son papa :
« Papa, pourquoi la mariée est habillée tout en blanc ?
- Parce que c'est le plus beau jour de sa vie.
- Ah d'accord ! Mais pourquoi le marié est habillé tout en noir, alors ?
- Euh… »

Égoïste !

« Clément, il restait deux esquimaux, pour ton frère et toi, dans le congélateur. Peux-tu me dire pourquoi il n'y en a plus qu'un ?
- Parce que je n'avais pas vu le deuxième ! »

La tête dans le bocal

Deux poissons rouges nagent dans leur aquarium. Tout à coup, l'un des deux fonce dans l'autre.
« Hé, ho, tu ne peux pas faire attention, tu m'as foncé dessus !
- Oups, pardon, j'avais de l'eau dans les yeux ! »

SUITES LOGIQUES

AS-TU DE LA SUITE DANS LES IDÉES ?
C'EST CE QU'ON VA VOIR AVEC CES SUITES LOGIQUES.
À CHAQUE FOIS, C'EST À TOI DE COMPLÉTER LE POINT D'INTERROGATION.
TU PEUX AUSSI METTRE AU DÉFI TOUTE TA FAMILLE.
VOICI UN EXEMPLE (TRÈS FACILE POUR COMMENCER !) :

1 2 ? 4 5

C'est le chiffre 3 qui manque.

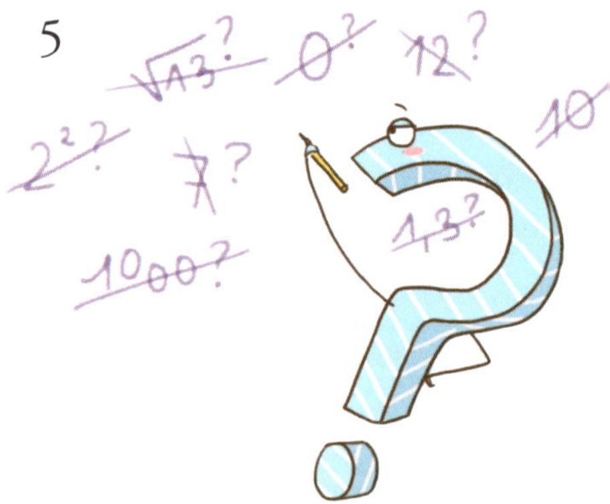

  ? 

C'est le Dessin d'un carreau qui manque (pique, cœur, carreau, trèfle).
Ce sont les couleurs d'un jeu de cartes.

? 2 4 ? ? 10

C'est le 0, le 6 et le 8. C'est une suite de nombres pairs.

Printemps ? Automne ?

C'est Été et Hiver qui manquent.
Ce sont les quatre saisons : printemps, été, automne, hiver.

A R ? V 10

C'est le D comme Dame car il fallait voir As, Roi, Dame, Valet, 10.
C'est une suite de figures dans un jeu de cartes.

I ? III IV ? VI ?

C'est le II, le V et le VII qui manquent.
Ce sont les chiffres romains de 1 à 7.

? ré mi ? sol ? si

C'est le do, le fa et le la.
Ce sont les notes de musique dans l'ordre sur la portée.

4 8 12 ? 20 ? ?

C'est le 16, le 24 et le 28. Il faut ajouter 4 à chaque fois.

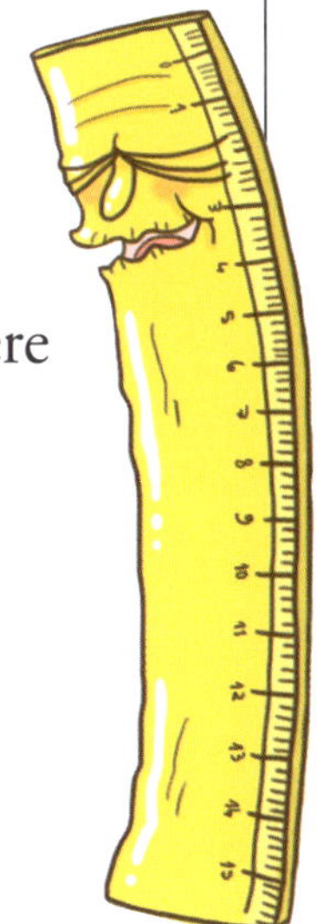

? grand-père ? arrière-arrière-grand-père

Il manque le père et l'arrière-grand-père.

Ce sont les générations de pères.

? centimètre décimètre ?

Il manque le millimètre et le mètre.

Ce sont les unités de mesure par ordre croissant.

lundi ? ? jeudi vendredi ? ?

Il manque mardi, mercredi, samedi et dimanche.
Ce sont tout simplement les jours de la semaine !

1 3 ? 7 ? 11 ? 15

C'est le 5, le 9 et le 13. C'est une suite de nombres impairs.

? minute heure ? ? année

Il manque seconde, jour et mois.
Ce sont des unités de temps de la plus petite à la plus grande.

mars ? mai ? juillet ?

Il manque avril , juin et août.
Ce sont les mois de l'année dans l'ordre en commençant par mars.

AA ? CC ? ? FF

Il manque BB, DD et EE. On double les lettres dans l'ordre de l'alphabet.

□ ○ □ ? □

Il manque le rond. On alterne, tout simplement, rond et carré.

BEAU/LAID GENTIL/MÉCHANT
IDIOT/INTELLIGENT JOUR/ ?
PETIT/ ?

Il manque nuit et grand. Ce sont des contraires.

Il manque vert, jaune, bleu, rouge et vert.
C'est une suite de couleurs rouge-jaune-vert-bleu.

Il manque une paire d'as et le carré d'as.

Attention, les dernières suites logiques sont beaucoup plus difficiles !
Mais comme tu as pu t'entraîner, tu vas réussir !

? Z E ? ? Y U I O P

Il manque le A, le R et le T.
Ce sont les premières lettres du clavier d'un ordinateur.

1 11 21 1211 ? 312211

Il manque 111221. Il faut lire ce qu'on voit : le premier, on lit un 1, donc on écrit 11. Après, on lit deux 1, donc on écrit 21…

1 ? 11 16 21 ? ?

Il manque le 6, le 26 et le 31.
Il faut ajouter 5 à chaque chiffre.

Pour celle-ci, tu as le droit d'utiliser une calculatrice !

2 4 ? 256 ?

C'est le 16 et le 65536.
Il faut chaque fois multiplier le nombre par lui même :
2 x 2 = 4, 4 x 4 = 16, 16 x 16 = 256 et 256 x 256 = 65536.

U D T Q ? S S H ? D

C'est le C (cinq) et le N (neuf) car il fallait voir Un, Deux, Trois, Quatre, Cinq, Six, Sept, Huit, Neuf et… Dix !

Mercure ? Terre ? Jupiter ? Uranus Neptune

Il manque Vénus, Mars et Saturne.
Ce sont les planètes du Système solaire dans l'ordre en partant du Soleil.

CHIEN = 3-8-9-5-14

PAPA = 16-1-16-1

POULPE = 16- ? -21-12- ? - ?

Il manque le 15, le 16 et le 5. Chaque chiffre correspond au placement de la lettre dans l'alphabet : A = 1, B = 2,…

A B C H I J P Q R V ? ?

Il manque le W et le X car il faut lire par petits groupes de 3 lettres : A, B, C, puis H, I, J, puis P, Q, R, et enfin V, W, X.

38 ? 28 23 18

Il manque le 33. Il faut retirer 5 à chaque fois.

Bzzzz...

Un bébé moustique rentre chez lui après ses premières heures de vol. Sa maman lui demande si tout s'est bien passé sur la plage.

Le bébé moustique répond :
« Oui, c'était tellement super que tout le monde m'a applaudi ! »

Happy birthday !

Lucas est invité chez Nina pour son anniversaire. Il sonne à la porte et sa copine s'inquiète :
« Tu ne m'as pas apporté de cadeau ?
- Si, si, la varicelle ! »

Petits escargots

Un escargot a tenté de suivre les coureurs du Tour de France. À l'arrivée, son copain lui demande :

« Alors, cette course.

- M'en parle pas, j'en ai bavé ! »

Régime de l'été

Une souris dit à sa copine :

« Cet été, je me mets au régime. J'ai trop grossi, cette année.

- Ah bon ? Alors, tu arrêtes définitivement le gruyère ?

- Non, mais je ne mangerai plus que les trous ! »

Au zoo...

Anaïs se rend au zoo
avec son père quand
tout à coup elle s'arrête
et s'exclame :
« Papa, regarde le singe, là !
- Oui, Anaïs, il est rigolo.
- Tu ne trouves pas qu'il te ressemble.
- Tu n'es pas gentille de dire ça.
- Ne t'inquiète pas, il ne m'a pas entendue ! »

Vent de sable

Deux petits grains de sable se baladent sur la plage.
Le premier dit à l'autre :
« Ne te retourne surtout pas, on est suivis ! »

Zzzz...

Un homme part faire une randonnée avec sa famille dans la montagne. Curieux, il demande au berger :
« Combien avez-vous de moutons dans votre troupeau ? »
Le berger lui répond :
« Je ne sais pas ! À chaque fois que j'ai voulu les compter, je me suis endormi ! »

Blurp, blurp

« Enzo, as-tu changé l'eau des poissons comme je te l'ai demandé ce matin ?
- Pas la peine, maman, ils n'ont pas encore tout bu ! »

Bébé arrive

Une maman enceinte demande à sa fille :
« Comment va-t-on appeler
ton petit frère ?
- Ben, par téléphone,
comme tout le monde ! »

Ça porte malheur !

Damien se balade dans un port avec sa maman.
« Maman, regarde la jolie mouette !
- Oui, je l'ai vue…
- Maman, regarde l'énorme bateau.
- Oui, Damien, c'est un paquebot. »
Damien continue :
« Maman, regarde la cr…
- Oui, c'est bon, Damien, j'ai vu !
- Ben pourquoi t'as marché dedans, alors ? »

Camping

Un couple de randonneurs se balade en pleine campagne. La femme dit :
« Ce paysage me laisse sans voix.
- Parfait, nous allons camper ici, rétorque l'homme. »

Un p'tit creux

Deux pingouins rentrent d'une journée ensoleillée. L'un des deux dit :
« J'ai faim, moi ! Pas toi ?
- Oh si, je mangerais bien une glace ! »

Histoire de chiffre

Un zéro croise un huit et lui dit :
« Tiens, tu as mis une ceinture. »

RÉBUS

Sauras-tu déchiffrer ces rébus ?
Voici le premier pour t'entraîner :

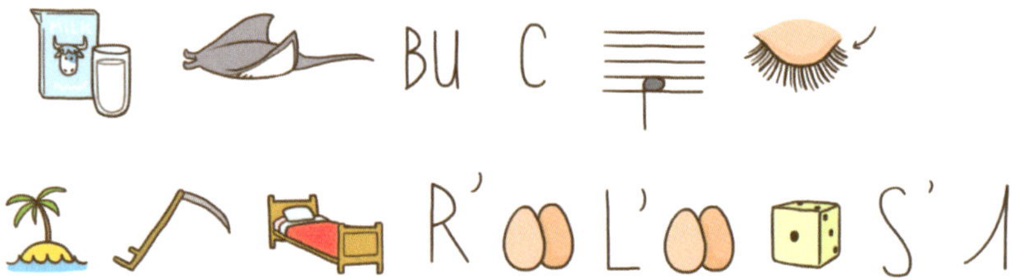

Les rébus, c'est facile ! Il faut lire le dessin !
(lait, ré, BU, C, fa, cil ! île, faux, lit, R'œufs, L'œufs, dé, S'1 !)

Dans ma valise, je ne dois pas oublier de mettre :

Mes vêtements évidemment (M'haie, V, T'œufs, M'an, haie, vie, da, M'an)

Mes sandales (mai, 100, DA, L'œufs)

Ma trousse de toilette (mât, trou, S'œufs, 2, toit, lait, T'œufs)

Mon maillot de bain (mont, M'aïe, eau, 2, B'1)

Et pour aller à la plage, le plus important c'est :

Mon sac de plage (mont, sa, queue, 2, P'la, jeux)

Mes raquettes (M'haie, rat-K'haie, T'œufs)

Un ballon de volley (1, bas, long, 2, veau, lait)

Mes lunettes de soleil (M'haie, lune, haie, T'œufs, 2, sol, haie, yeux)

De la crème solaire (2, la, craie, meuh, sol, R)

Une bouteille d'eau (U, nœud, B'houx, T'haie, yeux, do)

Un goûter (1, G'houx, T)

Une serviette (U, nœud, cerf, vie, haie, T'œufs)

Ma bouée géante (mât, B'houx, haie, G, an, T'œufs)

Mon bouquin de jeux (mont, bouc, 1, 2, je)

L'école est finie mais que dit Fanny ?

C'est génial de ne rien faire ! C'est la fête tous les jours !
(C, G, nid, AL, 2, nœud, riz, 1, fer ! C, la, fée, T'œufs, T'houx, lait, joue'R)

Théo a un problème avec son bateau :

Il faut que je trouve papa ! Je ne sais pas faire les nœuds marins !
Vivement que je sois plus grand…
(île, faux, queue, jeux, trou'V'œufs, pas, pas ! Jeux, nœud, C, pas, fer, lait, nœud, mât, R'1 ! Vie, V'œufs, M'an, queue, jeux, S'oie, +, grand…)

Où Noémie est-elle partie en vacances ?

Elle est allée dans un camping au nord de Menton deux semaines et elle s'est fait plein de copains.
(aile, haie, A, lait, dent, 1, K'an, ping, eau, N'or, 2, menton, 2, S'œufs, mai, nœud, É, aile, C, F'haie, PL'1, 2, K'eau, pain).

Avec qui a-t-elle sympathisé ?

Elle a joué avec Cécile, Solène, Lauriane, Eugénie, Anne et Lise. Mais les garçons, Théo, Simon, Antoine, Quentin, Thomas, Léo et Pierre, n'ont pas arrêté de les embêter. (aile, A, joue, É, AV'haie, queue, C, cil, seau, lait, nœud, œufs, G, nid, A, nœud, É, lit, Z'œufs. M'haie, lait, gare, son, thé, eau, si, mont, an, toi, nœud, K'an, T'1, T'eau, mât, lait, eau, É, pis, R, non, pas, A, raie, T, 2 lait, Z'an, B, T).

Quelle blague Clément a-t-il fait à ses parents ?

Il a sauté sur ses parents en sortant de l'océan alors qu'ils dormaient sereinement.
(île, A, seau, T, sur, C, pas, R'an, an, S'or, T'an, 2, L'os, haie, an, AL'or, K'île, D'or, M'haie, S'œufs, raie, nœud, M'an).

Et on croise les doigts pour Mélanie qui dit :

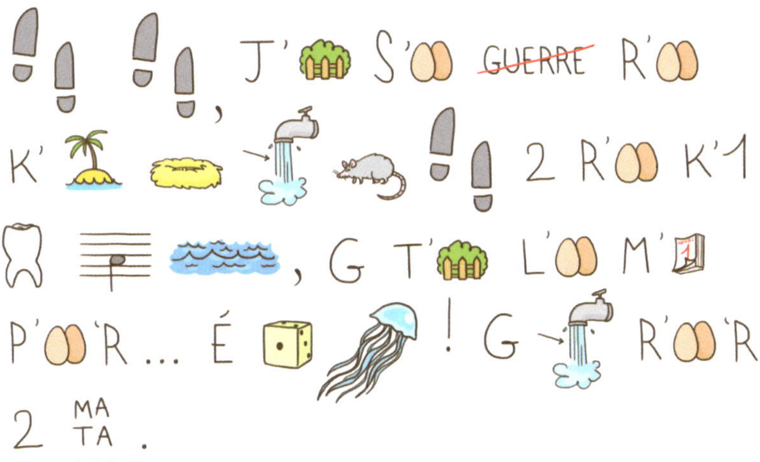

Papa, j'espère qu'il n'y aura pas de requin dans la mer, j'ai tellement peur… Et des méduses ! J'ai horreur de ça.
(pas, pas, J'haie, S'œufs, paix, R'œufs, K'île, nid, eau, rat, pas, 2, R'œufs, K'1, dent, la, mer, G, T'haie, L'œufs, M'an, P'œufs, 'R… É, dé, méduses ! G, eau, R'œufs'R, 2, sa).

Imprimé en Espagne par Graficas Estella (Estella)
Dépôt légal : juillet 2013
311767-01/11023497 - juin 2013

The Waterways of the Royal Gunpowder Mills

Richard Thomas

ROYAL
GUNPOWDER
MILLS
Waltham Abbey

First Published in 2009 by Royal Gunpowder Mills

ISBN 978-1-907452-00-0

Published by:

Royal Gunpowder Mills
Beaulieu Drive
Waltham Abbey
Essex
EN9 1JY

Registered Charity No. 1062968

www.royalgunpowdermills.com

Cover Photos:
Top: Drawing by Peter Jackson based on the 1735 engraving of the of the Waltham Abbey Mills published by J. Farmer.
Left side: Photo by Terry Griffiths of the Footbridge by the Observation Tower (building L136).
Right side top: engraving of Store L108, Royal Gunpowder Mills Archives, WASC0370-01
Right side bottom: photo of Powder Boat, Royal Gunpowder Mills Archives, WASC0882-02

Design by Ian MacFarlane

Table of Contents

Preface

Few short stretches of water have exercised such a profound influence on world history as the River Lea. The Lea Valley's earliest role was strategic, acting as a defensive bulwark between two Saxon fiefdoms. Yet, progressively, its water course became not only London‘s dominant supply chain, but also a magnet for industrial activity that grew inexorably, spawning globally important technological advancement.

The Lea Valley's industrial base operated at the cutting edge, giving the world the monorail in 1824; the iron-clad warship in 1861; plastics in 1866; the electric tram in 1882; petrol in 1892; the diode valve in 1904 and the passenger jet in 1949. And its output was vast; for example, 'Hudson's Works' in Stratford alone produced 1,682 locomotives and 33,000 goods wagons between 1847 and 1998.

Yet, one of its largest – and most important – production centres was a closely guarded secret. For three hundred years, the Royal Gunpowder Mills at Waltham Abbey was the dominant producer of explosives for Britain and the Empire. This hidden jewel in Britain's military crown was instrumental in sustaining the country's influence and territorial expansion around the globe.

From 1816, it operated symbiotically with the Royal Small Arms Factory, situated down river at Enfield Lock, as the Board of Ordnance set out to address the disappointing performance and cost of weapons used in the Napoleonic War. From 1855, the Royal Gunpowder Mills led the world in the development of nitro-based explosives and propellants. In 1865, the Mills developed and patented guncotton; in 1889, it patented cordite.

The Mills became not only a centre of excellence in production, technology and science, but also an agent of change for Britain's burgeoning private industry - an important factor as it entered the mature phase of its period as the workshop of the world. It earned its place in global history as the world's first truly integrated industrial production facility, described in 1735 as "The largest and compleatest works in Great Britain".

Yet at the heart of this zenith of industrial logistics and technology was a profoundly simple element – water. The Mills were reliant on the most complex and intensive use of waterways ever seen at a single British location. The system of canals, locks and aqueducts permitted not only an efficient internal conveyor system for raw materials and finished product – and a link to the ports, via the River Lea – but also segmented the site into separate zones to minimise casualties in the event of the inevitable unexpected detonation, exclusively utilising wooden barges to maximise levels of safety in the explosive atmosphere.

The most significant remnants of the Royal Gunpowder Mills have remained mercifully intact – and no longer hidden from public gaze. On this single site we find three of Britain's twenty six cast iron aqueducts, as well as the remains of a network of railways, almost as extensive as that of the waterways.

In archaeological terms, the Royal Gunpowder Mills is of almost incalculable importance – from the first recorded water-powered mill on the site in 1066 to its post war contribution to rocket propellants, we can plot industrial best practice over a millennium. Richard Thomas' incisive and detailed study is both welcome and timely, for this site contains a near embarrassment of riches and a story that needs to be told.

Neil Marshall
Transport Trust (www.transportheritage.com)

The Waterways of the Royal Gunpowder Mills

Alfred the Great to 1785

There are multiple streams which, combined with the natural and original course of the River Lea, form the basis of the waterways on which the Gunpowder Mills were built. However, the origin of these waterways is shrouded in history. Are the Hooks Marsh, Horsemill, Millhead and Cornmill Streams man-made or, like the River Lea, natural?

Alfred the Great had agreed with the Danes that the Lea should be the southern part of the boundary between Wessex and the Danelaw. In 895 the Danes transgressed this agreement, sailed their fleet up the Lea, sacked the settlement at Ware and made camp there. There is an enduring legend that Alfred, in revenge, caused new channels to be dug that drained the upper reaches of the river and stranded the Danish fleet at Ware.

The earliest written contemporary history is the Anglo Saxon Chronicle, started on King Alfred's orders in about 890. The Chronicle tells us "AD 896… Then, some day, rode the king up by the river; and observed a place where the river might be obstructed, so that they could not bring out their ships. And they did so. They wrought two works on the two sides of the river. And when they had begun the work, and encamped before it, then understood the army (*the Danes*) that they could not bring out their ships. Whereupon they left them, and went over land, till they came to Quatbridge (*near Bridgnorth*) by Severn".

The report of the creation of two extra channels (rather than works) by Alfred's men does not appear until Henry, Bishop of Huntingdon's historical account, written in the mid 12th century. This late addition does throw doubt both on the accuracy of Henry's version and the truth of the legend, though it does suggest that extra waterways were in existence by that date.

The Domesday Book reveals that in 1085, "there was one mill at the time (c1066)... now three". Since the windmill did not arrive in England until the 12th century, these mills must have been water powered. The length of the millstreams is a factor of the shallowness of the drop of the Lea Valley at this point. In order to obtain a good head of water here, a long pound above the mill is necessary.

Is there also an entirely "natural" origin for the multiple channels at Waltham Abbey? There is an established geological phenomenon called "braiding". This occurs when the fall in a broad valley is slight and a single waterway splits, quite naturally, into a number of smaller channels. This suggests that some of the streams at least, could always (in geological terms) have been there.

There were three watermills in Waltham Holy Cross by 1085, before the establishment of the Abbey of Augustinian Canons by 1184, though it is true that Harold Godwinsson, later King Harold II, founded a college of secular canons at Waltham Holy Cross in 1060. The local legend that "the monks built the Cornmill Stream" must be a possibility, as it is likely that the canons built their own mill on the edge of the Abbey grounds. Archaeology has revealed that there was a lower stream powering one of the Abbey millwheels. The Cornmill Stream was surveyed and built up higher along the eastern side of the valley to give a sufficient head of water not only to drive the mill wheels but also to provide running water within the Abbey for sanitary purposes. The

Millhead Stream has also been artificially raised above the natural fall of the valley to provide a head of water at its southern outfall. The earliest surviving map of the area is held in the archives of the Marquess of Salisbury at Hatfield House. This map (page 12) gives us a portrayal of the waterways at Waltham Abbey in 1590.

Comparison of the 1590 map with J. Parker's Barge River map of 1767, held at Northampton Record Office in the Executive Papers of Sir William Wake, and a modern interpretation of the waterways as they were in 1827, at first suggests that the 1590 map has an extra channel (D), which does not exist today.

However, if the various streams are identified, it is possible for all three maps to agree.

A – The Corn Mill Stream
B – The River Lea Barge River
C – The Millhead or Powdermill Stream or River
D – The combined Hooks Marsh Ditch and Horsemill Stream (not shown on Parker's map)

On the 1590 map, a Fulling Mill is marked in the same position as the Powder Mills on the 1767 version on Powder Mill River (E). It was on this site that the present Gunpowder Mills started. It is known that there were powder mills near Hooks Marsh in 1672-3, though these were fairly short-lived and had gone by 1735. Hooks Marsh is just to the north of the present Gunpowder Mills site.

A fulling mill uses water power in a process in clothmaking which involves the cleansing of cloth (particularly wool) to get rid of oils, dirt, and other impurities and to spread and tighten the fibres to thicken the material. In the early 17th century this Fulling Mill was converted to an oil mill. Then a deed of 1669 tells us that the "Oyle Mill… now lately converted into two powder mills...for the grindinge, boylinge, corninge and drying of powder".

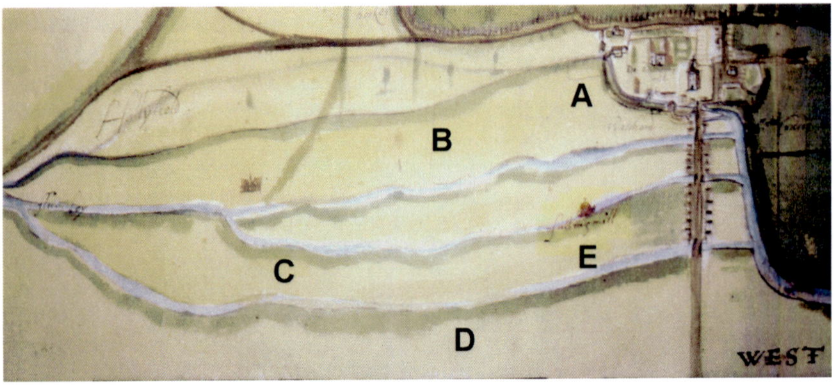

1590 Map (Courtesy of the Marquess of Salisbury, CPM II/23)

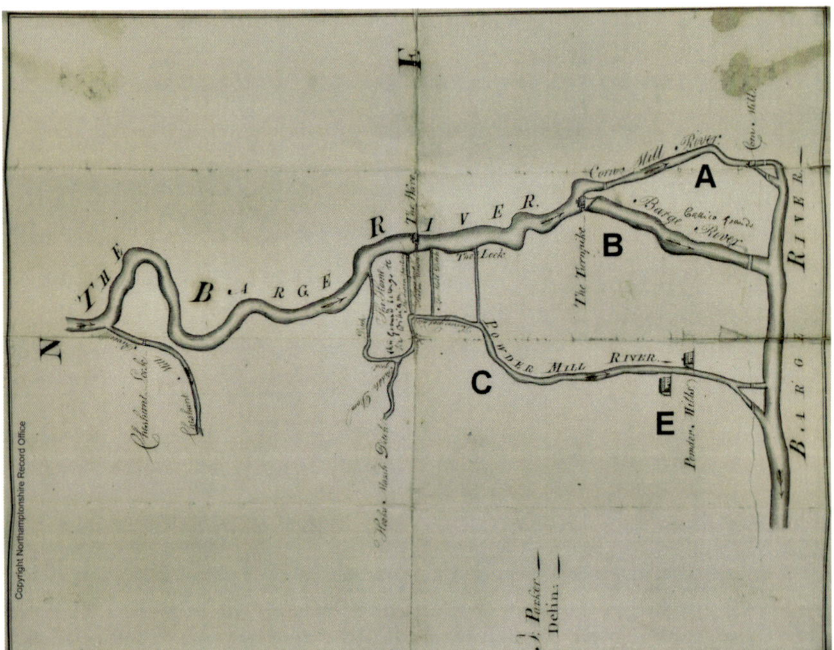

1767 Parker Map (Courtesy of the Wake Family. Original held at Northamptonshire Record Office, YZ 6097)

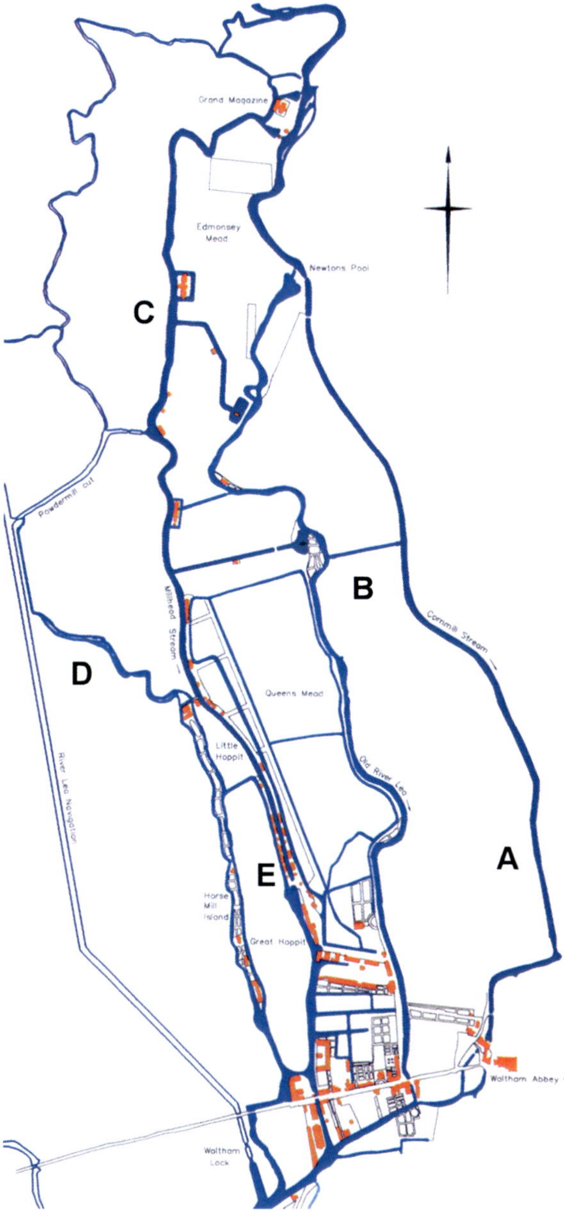

1827 Map (RGPF, Waltham Abbey, WASC)

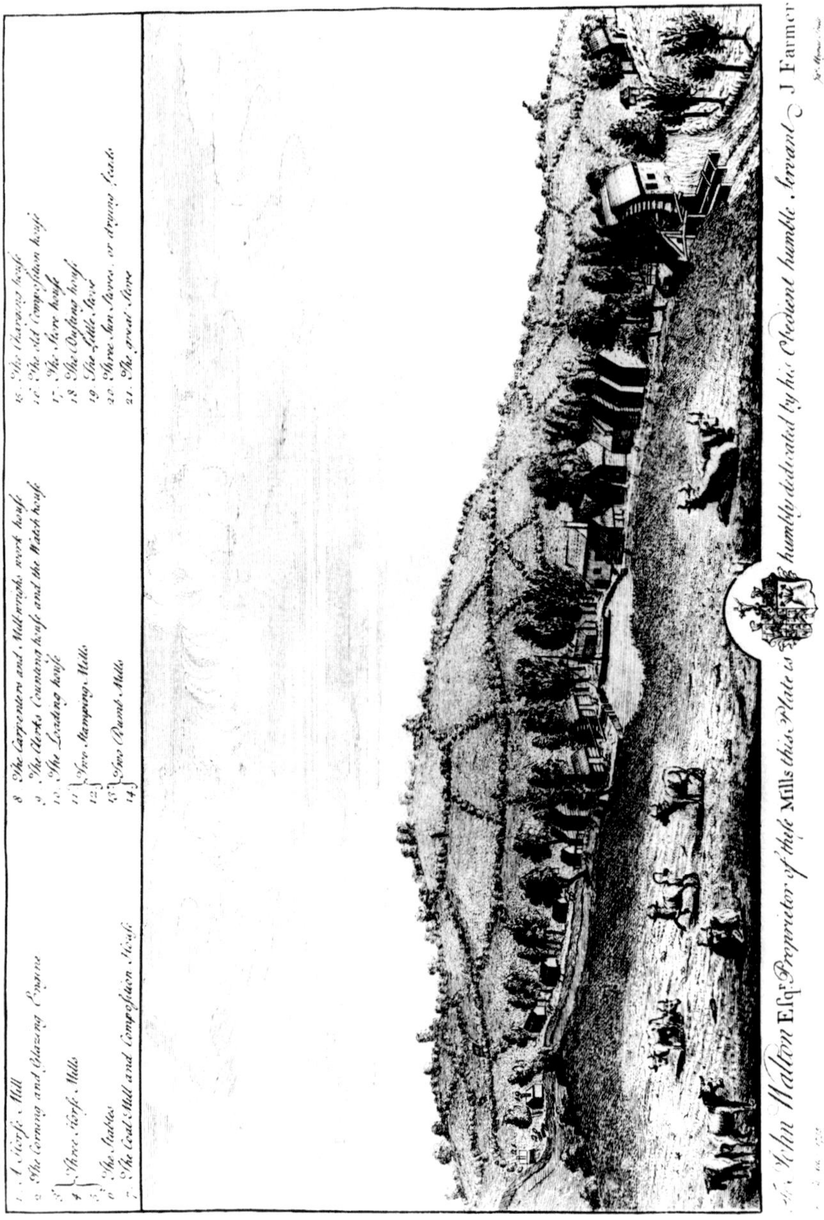

1735 J. Farmer Map (RGPF, Waltham Abbey, WASC0402-01)

In 1735, forty-five years before Mr Parker drew his map, Mr J. Farmer produced his detailed view of the Powder Mills and humbly dedicated them "To John Walton Esqr. Proprietor of these Mills".

This clearly shows the Millhead stream (from left to centre) powering not only the two stamping Mills (centre, one each side of the Millhead) but also a number of other water-powered mills above. It appears that the tail stream of the upper mills also powers a further large corning and glazing mill, (this was possibly the mill that blew up in 1781 with the loss of "three men killed and much damage done in the town"). In 1770, Peter Muilman wrote, in his *New and Complete History of Essex* of the factory of "several curious gunpowder mills, on a new design, worked by water (the old ones having been worked by horses)".

But first, consider the reasons for using water to carry the sometimes sensitive loads that needed to be transported between process buildings. As can be seen from Farmer's drawing above, as early as 1735, buildings were spaced out to leave gaps between them. However, without the protection afforded by earth traverses, which did not appear until the late 18th century, there could still have been chain reaction and sympathetic detonations if a building exploded. The answer was to put even more space between them. The communication between the buildings was thereby extended. Water would have provided a much smoother passage than the rudimentary unsurfaced tracks that were the norm in those days.

Royal Gunpowder Factory (RGPF) to 1866

After the acquisition of Walton's Mills by the Crown in 1785, the site extended over a mile and a quarter from north to south. The Grand Magazine was built at the extreme northern end in about 1800. New process buildings were situated at extended intervals over the distance between there and Walton's original works. The Millhead Stream and the River Lea formed the eastern and western boundaries at that time, so those waterways were the basis of the canal system which would provide safer and probably faster transport links. It should however, be said that speed was not as much a prime factor inside the Mills as on the swiftly developing canal system in the outside world. Safety is compromised when speed is of the essence!

As no engineering or contracting reports of the day have survived, the only way to determine the sequence of waterway building within the Mills is to examine sequentially the collection of maps held in the Gunpowder Mills' archive. It should theoretically then be possible to assign a "latest" building date by noting the new canals as they appear on maps. The site surveys were taken at irregular intervals, so some canals could have been in existence for quite a long time before they first appear on a map.

When canals were first built in England in the Manchester area in 1759, the use of puddling clay to line and waterproof the channel was almost universal, except where the canals were dug through non-permeable strata. A cross-section of a typical canal showed a flat bottom which sloped up at either side to the banks. When the canals in the Mills were dredged during the decontamination process in the early 1990's, it was revealed that the early channels, at least, were built with timber reinforced vertical sides. This meant that narrower channels could be used which were usable up to the edges, built just wide enough to permit two boats to pass each other.

There were only two canals initially and both were in place by 1806. They gave access from the Millhead Stream, and thus the mills lining that waterway, to corning mills both built close to the River Lea. The Lea was six feet lower than the Millhead, providing the head necessary to drive the waterwheels when the corning mills were later converted to press houses utilising hydraulic pressure created from the rotary action of the wheels.

Thus, some of the canals within the site were dual purpose; using the water flow to drive the machinery and the surface to move the purpose built boats which carried the gunpowder ingredients and compounds as they proceeded along the manufacturing flow line.

The third channel, built in 1806, was the Powdermill Stream which provided a connection between the Millhead Stream and the relatively new Lee Navigation. This had been built in 1770 and gave a wide modern pound-locked channel directly to the Thames, without the shallows, bends, mills, weirs and flashlocks of the old Barge River. The Navigation was 2 foot 6 inches lower than the Millhead so it was necessary to build Edmonsey Lock to overcome the difference.

There was now a direct waterway connection between the Grand Magazine holding the finished gunpowder and the magazines at Purfleet, without passing through the Mills. By 1806 there were already at least five barges carrying gunpowder between Waltham and Purfleet. One of the gunpowder sailing barges, Lady of the Lea built in 1933, still survives. Another sailing barge hull survives sunken in the canal that parallels the incorporating mills on Queen Meads.

Vertical edge of the early canal that was built between the Millhead Stream and the Press House. (Richard Thomas)

The Press House with a gunpowder boat (RGPF, Waltham Abbey, WASC0457-09)

Edmonsey Lock (RGPF, Waltham Abbey, WASC1443-01)

Lady of the Lea (RGPF, Waltham Abbey, WASC 0100-01)

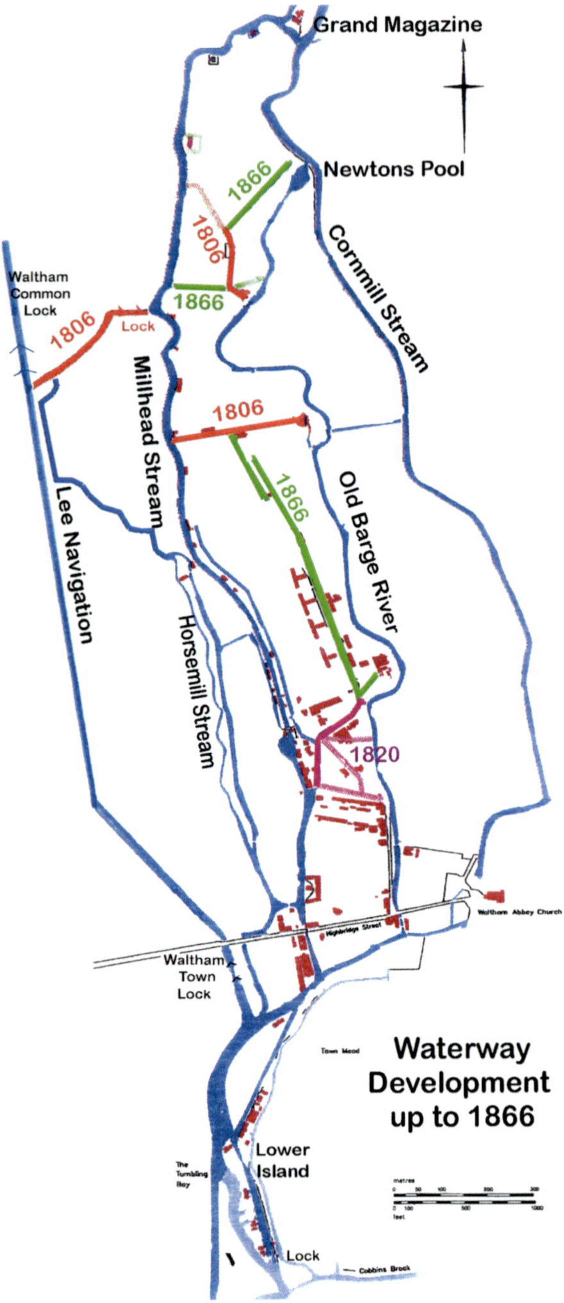
Grand Magazine
Newtons Pool
1866
1806
1866
Waltham
Common
Lock
1806
Lock
Cornmill Stream
Millhead Stream
1806
1866
Old Barge River
Lee Navigation
Horsemill Stream
1820
Waltham Abbey Church
Highbridge Street
Waltham
Town
Lock
Town Mead
Waterway
Development
up to 1866
Lower
Island
The
Tumbling
Bay
metres
0 50 100 200 300
0 100 500 1000
feet
Lock
Cobbins Brook

By 1806, there were mills on the western side of Hoppit Island along the line of the Horsemill Stream. Flowing originally from the Hooks Marsh Ditch (itself fed by the old River Lea), it wandered down the western side of the Millhead Stream to rejoin the river below Highbridge Street in Waltham Abbey. Part of the Hooks Marsh Ditch, to the north, had been used for the route of the Powdermill Cut.

Lower Island was established, with its supporting waterways, to the south of Highbridge Street soon after 1806. By 1827, Queen Meads had drainage ditches and tail streams around the edges and another ditch bisecting it. There were a number of small waterways serving the lower part of the Mills just north of Highbridge Street. A survey in 1814 included the information that there were "five barges, nine powder boats, two ballast barges and six punts".

The 46 year unmapped period up to 1866 saw the development of the steam powered incorporating mills along Queen Meads together with the first "carriage only" channels. These waterways were designed not to provide flowing water power to millwheels but solely to transport materials to and from the incorporating mills, although the northern part of the Queen Meads channel did act as a tail stream for the blank cutting house situated on a side cut from one of the original pre-1806 canals. Further north, part of the other original canal was abandoned in favour of a shorter route, although the remaining section provided the link to a new canal serving the gunpowder granulating house by Newton's Pool.

The Waterway Development map shows the three dates on which surveys were taken, 1806, 1820 and 1866. The application of a date to a waterway indicates only that it was in existence by that date; it is not the date the waterway was built. Waterways within the Mills which later became extinct are shown in a lighter colour.

Barge captains, c.1905 (RGPF Waltham Abbey, WASC1476-01) Top left – Mr. Langley; Bottom left – Mr. Aaron Newton

Up to the 21st Century

The boats used in the Mills varied in size but kept to two basic patterns. The first was pointed or ship–ended at both ends and the other swim or square-ended at both ends so that they did not need to be turned but could be towed or poled from either end. Both types were carvel-built in timber and most had barrel shaped roofs although some of the swim-ended craft were just hulls. All the craft used within the mills were built using phosphor bronze nails and fittings. The hull and the cabin framing were made of sturdy timbers but the roof cladding was of cloth or leather covered light planking. The covering was to explosive dust adhering to the structure and the light planking allowed explosive force to dissipate in the event of an accident. There is, however, no record of one of these boats exploding at Waltham Abbey.

A swim-ended boat used (in this instance) for ferrying drums of acetone (RGPF, Waltham Abbey, WASC459-09)

The doors at each end were for access and the canvas side hatches for loading and unloading cargo. Towage was always provided by men, never horses or donkeys. The thought of a horse bolting when towing a boat laden with explosives must have been influential when this rule was made! The towing line was only used for towing, not for tying up. A special hook was provided for storage of the line.

In addition to these boats, Colonel Noble, superintendent from 1885 to 1892, had a battery powered launch called ‘The Spark' constructed for his internal communications around the factory. It was also equipped to provide electric lighting to buildings that were not connected to the dynamos. Another specialised barge in use on the factory's canal system was a dredger with a grabbing crane built by Priestman Brothers of Hull and London.

Powder boat ready to load or discharge cargo (RGPF, Waltham Abbey, WASC1655-19)

"The Spark" (RGPF, Waltham Abbey, WASC1590-03)

A view looking north, up the Millhead Stream (RGPF, Waltham Abbey, WASC459-05)

The following extract is taken from the Rules of the Royal Gunpowder Factory, Waltham Abbey, 1934. It gives a very good picture of how the canals and the boats were used at that time.

Boats for Explosives

The Chargeman, or when no Chargeman is present, the senior Boatman is responsible for the observance of the following Special Rules:

1. Boats are to be cleaned and examined before use; they are also to be examined for any leakage after loading.

2. Boats containing explosives or their ingredients are not to be left unattended, except during a thunderstorm.

3. The slides of Boats are to be shut, except when loading or unloading. The end doors are not to be left open.

4. The leather pads and loading boards, where provided, are to be used when loading or unloading.

5. The "clean" towing ropes are not to be used for mooring purposes. Boats are to be moored by passing the mooring ropes through the rings on the wayling, (wharf side) *and securing them.*

6. Boats in motion are to be kept clear of the waylings and banks.

7. Boat poles are not to be used in puddled (waterproof clay bottom) *cuts.*

8. The floors and platforms of all Gunpowder Danger Buildings are to be wetted before loading into and unloading from boats.

9. Boatmen are to see that bags containing explosives are securely tied up before they are loaded into or unloaded from boats.

10. Boats with explosives are not to approach, or be moored within the red boundary posts of any Danger Building displaying a red signal, until the signal has been lowered.

11. Boats with explosives are not to approach, or be moored within the red boundary posts while a boat is being loaded or unloaded under the hood at the Lower Island.

12. Boats either with explosives or empty are not to be taken under any bridge if anybody is standing on or crossing over the bridge.

13. Boats with explosives are not to pass any barge or boat between the Lower Stores Yard crane and the entrance to the Lower Island Cut, until the boatmen have ascertained that there is no fire or light on board such barge or boat.
14. Should a barge be passing through the water lying between the Hospital and the Lower Stores Yard crane, no boat with explosives is to enter that water until the barge has passed through, or has been moored so as to give a free passage.
15. Boats with explosives are not to pass under the Refinery Bridge until the Chargeman has ascertained that no steam lorry or other dangerous traffic is in the vicinity.
16. All boats passing up or down the Mill Head Stream are to keep outside the hoods of the Guncotton Stoves.
17. When boats proceeding in opposite directions have to pass one another, the boat going up stream is to take the inside (towing path) *station.*
18. For opening and closing lock gates, the ropes and chains provided are to be used. The hand rails are not to be used for these purposes, and the ropes are to be first cast off from the hooks. When done with, the ropes are to be recoiled and replaced clear of the water, on the hooks.
Lower gates of locks are not to be closed by opening the upper slackers and allowing a rush of water through the lock.
19. The boats belonging to No. 2 Granulating House and No. 1 Breaking-down House, are to be moored inside their respective boat-houses, when their Danger Buildings are at work.
20. On the cessation of work at the end of the shift, day, or week, boats are to be emptied and cleaned out, and moored at the places appointed. Boats used for dry guncotton, or paste, are to be thoroughly washed out with a hose every six months.
21. Boats containing explosives are not to approach within 30 yards of boats or other apparatus containing internal combustion engines until such engines have been stopped.

Aqueduct near the Burning Ground (Richard Thomas)

The next surge of canal building came in 1878-9. The waterways were needed for access to the new nitro-glycerine, guncotton and cordite processing buildings. This expansion provided two cast iron aqueducts where the canals crossed the River Lea and a lock which connected the upper and lower levels of the canal system, as well as over a thousand yards of waterway.

The aqueducts were probably floated into position on barges on the Lea, as they are both made of two side plates, each a solid casting, bolted to the base plates on site. One survives in very good condition and can be seen just south of the Burning Ground. The other, near Newton's Pool, has a later footway bridge installed across it after the canal system fell into disuse. Both carry plaques recording the building date and the VR insignia. There are only 26 cast iron aqueducts on the whole English waterway system and three of them are within the Mills. (The third was installed in 1904).

Detail of the paddle gear (Richard Thomas)

View of the 1878-9 lock chamber (Richard Thomas)

The lock was built to link the existing channel serving the Blank Cutting House (this building has been restored) and the canal connecting with the Incorporating Mills on Queen Meads. Although the lock appears to protrude above the surrounding landscape, it must be remembered that decontamination removed about two feet of topsoil. The original water level can be easily judged by the white lime staining on the abutments. The paddle and sluice gear are of particular interest.

The culverts are quite small and circular in section. The sluice gates are made of cast iron and are similarly circular in shape. The paddle gear is operated by a worm drive. These features would combine to make it impossible to fill the lock quickly. There would have been virtually no turbulence to throw the powder boats about, thus minimising the risk of banging the boat against the lock-side with possible catastrophic results. It also seems that the men who built the lock did not assume that the Mills' boatmen knew about lock operation; carved into the granite coping stones by the paddle gear at the top and bottom of the lock are the words "IN" and "OUT"!

The footbridges over the canals were built to allow passage of the semi-cylindrical boats that carried the raw materials around the site. If a boat was passing through a bridge, men were forbidden to cross for fear that grit falling from their boots might contaminate the cargo. The bridge pictured is situated just south of the lock, by the observation tower which has been converted from the hydraulic accumulator house (building L136).

In 1888, the acquisition of Quinton Hill Farm to the south of the Lower Island allowed the Royal Gunpowder Mills nearly to double their size. Nitroglycerine, guncotton and cordite were all manufactured on this new South Site. There was an extensive waterway system accessing the cordite drying stoves.

Footbridge by observation tower L136 (RGPF, Waltham Abbey)

A lock was built at the southern end of Lower Island to allow waterway connection to the new area, without using the Lee Navigation which would have attracted a toll. This lock had a redundant gun barrel upended and used as a bollard.

The rest of the South Site was served by a narrow gauge railway system, which provided a rail link, via Lower Island, to the network of railways that had grown on the North Site.

In 1896, the last of the four locks of the Royal Gunpowder Mills complex of waterways was built connecting the Millhead Stream to its own tailstream level, six feet below. This enabled a more direct route from the South Site and Lower Island to the Grand Magazine at the north end of the North Site.

Lower Island Lock (RGPF, Waltham Abbey, WASC1080)

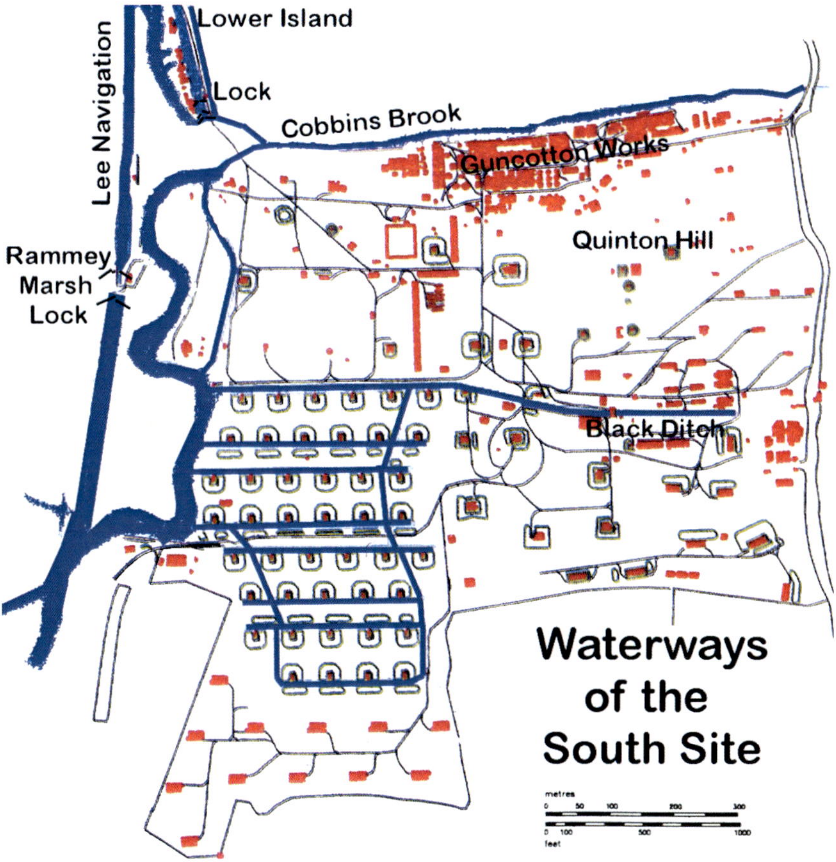

In 1894 the first of the two hospitals within the Mills was built facing the canal near the Refinery Gate (now Beaulieu Drive). It was built because a year earlier, there had been an explosion in the Mills and the casualties had to be taken ten miles to the hospital in Tottenham. It was placed by the canal because at that time most of the transport within the Mills was still by boat and this provided the easiest and smoothest way to move injured men. The second hospital, a Women's Annexe, was built nearby in 1916, to look after the 3000 women workers at the Mills during the First World War.

The 1896 chamber, which can be viewed from the north-east corner of the car park (Christine Richardson)

By 1897, the increase in demand for cordite instigated the building of even more cordite drying stoves at the northern end of the North Site and the First World War created still further demand. The resultant extension of the waterways serving these new buildings brought the canal system to its maximum extent of nearly10 miles.

The third cast-iron aqueduct was installed in 1904, again over the River Lea. This one was of a different design, being supported on two girders and built in sections. The remains of the brackets which supported the towpath fixed to the northern side of the aqueduct can still be seen.

The bottom plate has fractured and fallen away, possibly as a result of two nearby massive nitro-glycerine explosions in 1940.

Cast-iron aqueduct, 1904 (Richard Thomas)

Cast-iron aqueduct with damaged bottom plate (Richard Thomas)

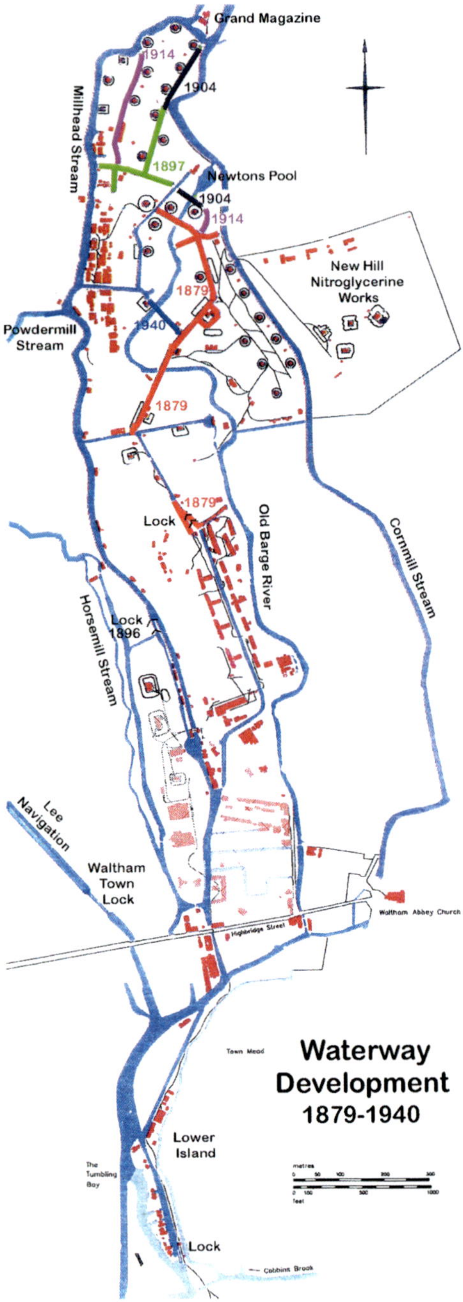
Grand Magazine
1914
1904
Millhead Stream
1897
Newtons Pool
1904
1914
New Hill
Nitroglycerine
Works
1879
1940
Powdermill
Stream
1879
1879
Lock
Old Barge River
Cornmill Stream
Horsemill Stream
Lock
1896
Lee
Navigation
Waltham
Town
Lock
Waltham Abbey Church
Highbridge Street
Town Mead
Waterway
Development
1879-1940
Lower
Island
The
Tumbling
Bay
Lock
Cobbins Brook

The canals were used up to the time of the Second World War, though with decreasing frequency. The railway system was easier to maintain and extend and, just as in the outside world, it gradually supplanted the canals. When the guncotton drying stoves on the west bank of the Cornmill Stream were built in the first decade of the 20th century, railway track was laid to link them to the production process. When the New Hill area was developed in the 1940's, that too, only had a rail link.

There was one small waterway link created in 1940. The mixing house at the end of the original northern 1806 canal was linked to the 1878/9 system by an aqueduct over the River Lea and a short length of canal to meet the sidecut serving the No1 Mixing House. The aqueduct was obviously a product of the austerity years. It consisted simply of concrete pipes laid side by side in the bed of the river with a concrete channel built over the top. No cast iron and royal insignia for this one, just the date cast in the concrete!

1940 Aqueduct (Richard Thomas)

Since the Royal Gunpowder Mills closed on 25th July 1945 and reopened on 31st July as a Research Establishment, no use has been made of the canal system. Many of the waterways at the north end drained or became choked with weed. Even where they remained partially in water, they became part of a secret nature reserve. This was rudely disturbed when the site was decontaminated in the early 1990's but since the machines left it has not taken long for nature to reassert itself.

The South Site has disappeared, partly under a housing estate, partly under the Sainsbury's Distribution Depot and partly under the re-landscaping of Gunpowder Park, managed by the Lee Valley Regional Park Authority. Parts of Lower Island are under the M25 and the Lee Flood Relief Channel.

The south-western and southern part of the North Site has also gone to housing and office development. The remaining area, comprising approximately 170 acres just north of the town of Waltham Abbey, opened to the public in 2001 as a heritage visitor attraction called the Royal Gunpowder Mills.

Here the surviving waterways and the ruins and restored buildings on their banks bear witness to a sometimes explosive but always fascinating past.

About the Author

Richard Thomas became fascinated by the inland waterways about 25 years ago, when a Narrowboat holiday awakened his interest. Since then, he has spent many happy hours in researching waterways history and lecturing on a range of waterways and historical subjects. He has always had a particular interest in the Lee and Stort Navigations and was the editor of the first cruising guide for those rivers. He was curious about the, then, secret world of the Royal Gunpowder Mills at Waltham Abbey and the waterway network hidden in the site. This led to him working in the Archives at the Mills and having the opportunity to research the origins of the canals there.

www.alltalkthomas.co.uk
www.leeandstort.co.uk